粕谷昌良の
「深い学び」
をつくる
社会科授業 4年

粕谷昌良 著
筑波大学附属小学校

東洋館出版社

まえがき

　新しい学習指導要領では，実際の社会で活用できるような「資質・能力」の育成が求められる。これは，学習内容から資質・能力へ，すなわち「何を知っているか」から「何ができるようになるか」への転換だということができる。その具体的な手立てが「主体的・対話的で深い学び」の実現に向けた授業改善ということになる。どうしても指導要領改訂となると，何か新しいことをしなければならないという気持ちになる。一方で新しい学習指導要領解説には「主体的・対話的で深い学び」の説明として以下のような記述がある。

> 　これまでの学校教育の蓄積を生かし，学習の質を一層高める授業改善の取組を活性化していくことが必要であり，我が国の優れた教育実践に見られる普遍的な視点である「主体的・対話的で深い学び」の実現に向けた授業改善（アクティブ・ラーニングの視点に立った授業改善）を推進することが求められる。　　　　（下線部は筆者による）

すなわち，「深い学び」とは新しいことに目を向けるだけでなく，これまでの素晴らしい授業実践や変わることのない授業の視点でもあるということである。例えば，社会科の目標は幾多の指導要領改訂を経た今も「社会認識を通して公民的資質の育成を図る」と要約されている。これまでも社会科の授業では知識の獲得だけにとどまらず，実社会で活用できるような公民としての資質・能力の育成を意識して行われてきた。

　それを踏まえたとき，私は社会科における「深い学び」とは進んで社会に関わろうとする資質・能力の育成をねらいとする授業だと考えている。社会事象を様々な立場から考えて深く理解するとともに，「なんとかしたい」「関わりたい」という気持ちが芽生えるような，公民的資質の基礎につながるような授業である。その具体的な手立てとして多角的なものの見方や考え方を育成する「アナザーストーリー」を提案し「深い学び」について考えていく。

2019 年 5 月　　　　　　　　　　　　　　　　　　　　　粕谷　昌良

目　次

まえがき …………………………………………………………… 1

Ⅰ章　社会科授業と「深い学び」

1　「深い学び」とは何か ………………………………… 6

2　深い学びを実現するアナザーストーリーの社会科授業
……………………………………………………………… 14

Ⅱ章　深い学びが生まれる社会科授業

1　おいしい東京水を支える二つの秘密
　〜高度浄水処理と多摩川水源森林隊〜 ……………… 28

2　私たちの生活と廃棄物
　〜残り少ない最終処分場とゴミの資源化の悩ましさ〜 ………… 42

3　私たちの東京都（住んでいる都道府県の特色ある地域）①
　〜東京土産は何にする？〜 ……………………………… 65

4 地域の発展に尽くした先人の働き
　　〜後藤新平が曲げてでも貫いたもの〜 ……………………………… 90

5 私たちの東京都（住んでいる都道府県の特色ある地域）②
　　〜東京都で唯一の村　檜原村（島嶼部を除く）〜 ……………… 107

I 章
社会科授業と「深い学び」

1

「深い学び」とは何か

1 新しい学習指導要領と深い学び

平成 29 年 3 月に新しい学習指導要領が告示された。その中で，授業改善の視点として「主体的・対話的で深い学び」が示されている。この「主体的・対話的で深い学び」については様々な意見を伺う。

「子どもたちが進んで学び，友達やゲストティーチャーと協力しながら学べば，深い学びになる」

「深い学びを実現するためには，主体的で対話的な授業を行う必要がある」

などと授業者によってイメージが異なるようだ。

私も自分なりの「深い学び」について考え，実現に向けて日々実践を行っている。そして，本書においては，私の考える「深い学び」の実現に向けての具体的な方法と実践を述べていくわけだが，最初に「深い学び」とは何か，足場をはっきりさせる必要があると考える。

少し遠回りになるが，新しい学習指導要領における「深い学び」と立ち位置をはっきりさせるために，学習指導要領を読み解いていきたい。

2 学習指導要領を読み解く

(1) 目標

新しい学習指導要領では，児童に身に付けさせたい資質・能力がはっきりと書かれている。それは，「知識及び技能」「思考力，判断力，表現力等」「学びに向かう力，人間性等」の三つに分けられている。

I章　社会科授業と「深い学び」

> 　社会的な見方・考え方を働かせ，課題を追究したり解決したりする活動を通して，グローバル化する国際社会に主体的に生きる平和で民主的な国家及び社会の形成者に必要な公民としての<u>資質・能力の基礎を次のとおり育成すること</u>を目指す。

> ⑴　地域や我が国の国土の地理的環境，現代社会の仕組みや働き，地域や我が国の歴史や伝統と文化を通して社会生活について理解するとともに，様々な資料や調査活動を通して情報を適切に調べまとめる技能を身に付けるようにする。
> ⑵　社会的事象の特色や相互の関連，意味を多角的に考えたり，社会に見られる課題を把握して，その解決に向けて社会への関わり方を選択・判断したりする力，考えたことや選択・判断したことを適切に表現する力を養う。
> ⑶　社会的事象について，よりよい社会を考え主体的に問題解決しようとする態度を養うとともに，多角的な思考や理解を通して，地域社会に対する誇りと愛情，地域社会の一員としての自覚，我が国の国土と歴史に対する愛情，我が国の将来を担う国民としての自覚，世界の国々の人々と共に生きていくことの大切さについての自覚などを養う。

　学習指導要領では，
⑴が「知識及び技能」，
⑵が「思考力，判断力，表現力等」，
⑶が「学びに向かう力，人間性等」
として示されている。
　また，学習指導要領解説社会編の第4章の「指導計画作成上の配慮事項」において，

7

「社会科の指導に当たっては⑴『知識及び技能』が習得されること，⑵『思考力，判断力，表現力等』を育成すること，⑶『学びに向かう力，人間性等』を涵養することが偏りなく実現されるよう，単元など内容や時間のまとまりを見通しながら，主体的・対話的で深い学びの実現に向けた授業改善を行うことが重要である」

とある。

　以上の記述を素直に読むならば，社会科授業は，子どもたちにこの三つの資質・能力を育成するために行われるべきものであり，<u>「深い学び」とは，この三つの資質・能力を育成するための授業改善の視点</u>であることを最初に押さえる必要がある。

> 「深い学び」は，
> 　子どもたちに三つの資質・能力を育成するための授業改善の視点である。

　では，授業改善の視点である「深い学び」が目指す，三つの資質とはどのようなものか詳しく考えていきたい。目指すゴールをはっきりさせれば，「深い学び」をどのように授業で実践していけばよいか明らかになっていくと考えられる。ゴールは何かはっきりさせるために，三つの資質・能力を読み解いていきたい。

⑵　深い学びが目指すゴール「三つの資質・能力」とは何か？

①　知識及び技能

　知識及び技能は，社会科の学習内容と密接に関係している。すなわち，社会科とは何を学ぶ教科なのか，どのような内容を学ぶのかということである。

　「社会科って何を学ぶんですか？」と問われたら，何と答えるだろうか。

　国語科なら読む力，書く力，言語の法則を学ぶと答えるのだろうか。算数なら数量や図形の数理的な処理の仕方を学ぶことと答えるかもしれない。教科の内容を想像しやすいと思う。しかし社会科はどうだろうか。

　6年生なら歴史，5年生の国土の学習の部分ならば地理という親学問がはっ

I章　社会科授業と「深い学び」

きりしているので答えやすいと思う。しかし，3年生や4年生，5年生でも災害や情報となると，何の分野を学んでいるのかわかりにくい。

しかし，新しい学習指導要領では，社会科の内容をはっきりと三つに分類している。それが，「地域や我が国の国土の地理的環境についての知識」「地域や我が国の歴史や伝統と文化についての知識」「現代社会の仕組みや働きについての知識」である。もう少しわかりやすく書くと「地理的」「歴史的」「公民的」な内容ということになる。

ここでは掲載は避けるが，「小学校学習指導要領解説　社会編」p.150，151に表として記載されていてわかりやすい。

例えば4年生の「自然災害」の単元だったら，「公民的」に重点が置かれるが，「歴史的」な分野にも関わっていると図示されている。これは，現在や未来の災害対策を学びながらも，対策の方法を学習するにあたって，過去に地域で起こった災害なども調べていくからである。災害の学習であれば「公民的」な内容に加えて「歴史的」な内容を取り入れれば，学びが充実することになる。「深い学び」の実現の手掛かりとなるだろう。

だから，授業を行うにあたっては，行う単元や授業が「地理的」「歴史的」「公民的」の三つの内容のどれに関わっているのか考えながら行っていけば，子どもに新しい学習指導要領が求めている「知識」を身に付けさせることにぐっと近づくに違いない。

授業の内容が（教材が）

「地理的」「歴史的」「公民的」な内容となっているか？

それぞれがどのように関わっているか？

---

② 思考力，判断力，表現力

思考力，判断力，表現力は知識とは違い，子どもたちが身に付いたかどうか見極めるのが難しい資質だと言われてきた。それは紙面で行うテストではなかなか図ることが難しいからである。しかし，新しい学習指導要領ではかなり詳

9

しく書かれていて，授業づくりをイメージしやすい。

思考力 = 社会的事象の特色や相互の関連，意味を多角的に考える力
判断力 = 社会に見られる課題を把握して，その解決に向けて社会への関わ
　　　　り方を選択・判断する力
表現力 = 選択・判断したことを表現する力

　私は特に，思考力の記述の中に「多角的」という言葉と，判断力の記された「選択・判断する力」が加えられたことが，授業改善の視点である「深い学び」を実現する具体的方法の一つだと考えている。

　社会科にこだわりをもって実践されたり，研究されたりしている先生方に「多角的とは何ですか？」と問うと，「多角的とは立場複数」だと解釈する人が多い。多角的と同じような言葉に多面的があるが，こちらは，中学校以上の学習指導要領に出てくる。すなわち，多角的とは，一つの社会事象を2人以上の異なる立場から考えることを指す。多面的な見方だと，一つの社会事象を経済面や環境面から考えるということになるから，小学生の子どもたちには少し難しいのかもしれない。

　しかし，多角的ならば，人によりそうことになる。例えば，自然災害の単元ならば，市役所の立場や住民の立場，住民の中でも足の不自由な人の立場などが挙げられる。災害を複数の人の立場で考えることで，実社会の課題を見出し，学習を深めることにつながる。

　また，「○○さんはこう考えている」「□□さんは，こう思って行動している」と具体的な人物の立場になって考えることで親しみも生じる。人に寄り添うことで，子どもたちは心を動かされ，自分のことのように考えることができるのもよい点だろう。人の立場に立つことのよさは知識面だけでなく子どもたちの情意面にも響くからではないだろうか。

　だから私は，この「多角的」が「深い学び」の実現の一つのキーワードになると考えている。

Ⅰ章　社会科授業と「深い学び」

深い学びの実現　その①

２人以上の立場に立った，多角的な思考を促す授業

　次に注目したいのが，新しい学習指導要領の判断力の記述の中に「選択・判断」という言葉が加えられたことである。ちなみに，判断力が学習指導要領に記述されたのもこれが初めてである。

　これまで，社会科の目標は学習指導要領の文言が改訂されるたびに変化してきたが，長年社会科の目標を端的に述べると「社会認識を通して，公民的資質の基礎を育成する」とされてきた。前段の社会認識は「知識」と密接に関係していて，社会事象への知識を子どもたちに身に付けさせることだなあと誰もが想像しやすい。

　その反面，後半の「公民的資質」となると「社会に出て役立つ力のことなのか？」などと，なんのことだか想像しにくいのではないだろうか。しかし，新しい学習指導要領ではその手掛かりが明確になったと考える。それは，判断力の記述にあるように「社会に見られる課題を把握して，その解決に向けて社会への関わり方を選択・判断する力」が一つの答えではないだろうか。

　今ある社会の課題を学習し，それを生かして，将来に向けてどのようにしたらよいのか考えていくことが，公民的資質の基礎ではないだろうか。知識をもっているだけでなく，いかに実際の社会に生かしていくか。そのために，子どもたち一人ひとりが知識を生かして判断することができるのかを授業の中で行っていく必要があると考える。

　だから，深い学びを実現するためには，授業において，子どもたち一人ひとりが，どうしたらよいのか「選択・判断」する場面が必要になるだろう。

深い学びの実現　その②

子どもたち一人ひとりに，選択・判断する場面のある授業

11

最後に，表現力について検討したい。

社会事象を多角的に考え，選択・判断することができても，それは個人内にとどまっているだろう。社会はたくさんの人が関わり形成している。そのため，自分の考えを，周囲の人に表現する必要に迫られる。子どもたちに自分の考えを相手にわかりやすく話したり，表現したりする力も，公民としての資質として欠かせないのではないだろうか。そのために，授業においても，自分の考えを表現する場面を設ける必要があるだろう。

深い学びの実現　その③

選択・判断したこと，自分の思いや考えを表現できる授業

---

(3)　「深い学び」とは何か

「深い学び」は新しい学習指導要領で示された三つの資質・能力を育成するための授業改善の視点であることをもとに書き進めてきた。

資質・能力を丁寧に追う中で，「深い学び」を実現する具体的な方法が見えてきたと思う。改めて整理すると以下のようになる。

深い学びの実現　その①

２人以上の立場に立った，多角的な思考を促す授業

深い学びの実現　その②

子どもたち一人ひとりに，選択・判断する場面のある授業

深い学びの実現　その③

選択・判断したこと，自分の思いや考えを表現できる授業

この三つの手立てを用いることで，新しい学習指導要領で三つの資質・能力が育成されると考えている。

すなわち，これで，ゴールとそれにたどり着く道のりが明確になったと考える。「多角的な思考を促す」「一人ひとりに選択・判断する場面を設ける」「自

I章　社会科授業と「深い学び」

分の考えを表現できる場面」が深い学びの実現の道のりになるのだが，次節では，私の実践をもとに三つの手立てを具体的に述べていきたい。

2

深い学びを実現するアナザーストーリーの社会科授業

1 多角的な思考を促す

(1) アナザーストーリーの社会科授業

　新しい学習指導要領では，目標や内容が「知識及び技能」「思考力，判断力，表現力等」「学びに向かう力，人間性等」の三つの柱に沿って明確化されている。

　その中の「思考力，判断力，表現力等」の育成に当たって，「多角的に考え」と記され，それは一つの社会事象を複数の立場から学習することだと先に述べた。

　私は，子どもたちが多角的なものの見方を発揮するような授業とは「今まで見えなかったものが見えるようになる」授業だと考える。日ごろ見慣れた事象でも，事象の裏にある様々な工夫や願いが込められていることを理解したとき，物の見方ががらりと変わる。では，見えなかったものが見えるようになる授業をどのようにつくっていったらよいのだろうか？

　私はアナザーストーリーのある社会科授業を提案したい。アナザーストーリーの授業は，単元で複数の視点を取り入れることである。同じ社会事象でも，それに関わる立場では見方が大きく異なる。子どもたちはそれらの二つ以上の立場から社会事象を見つめたうえで，自分なりにどうしたらいいのか主体的に判断していく。安易に判断できないので，社会事象を深く調べ考えていく。これが「ストーリーとアナザーストーリー」のある社会科授業である。

(2) アナザーストーリーの社会科授業の単元構成

　私は単元の計画を立てるときに，「起承転結」を意識するのだが，どうして「起

14

承転結」を意識するのか。「起承転結」は**単純に授業を盛り上げるという意味ではない**ことを少し述べたい。

　社会に関わる力を育成する授業過程として,筑波大学の唐木清志教授は『「公民的資質」とは何か―社会科の過去・現在・未来を探る―』(東洋館出版社)の中で,社会参画の理念を社会科に浸透させるには,学習をプロジェクト型にする必要があると述べ,学習段階を下記のように示している。

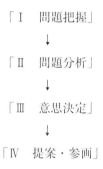

　唐木は社会参画というとどうしても「Ⅳ　提案・参画」に目が向きがちになるが,前半部分「Ⅰ」「Ⅱ」をしっかりつかませ,子どもの学習意欲を引き出すことが大切だと述べている。そうしないと,「活動あって,学びなし」の授業になると指摘している。

　おそらく社会参画というものを見据えたとき,参画に直接結びつくと考えてしまいがちな「Ⅳ」の手立てを打つことと同様かそれ以上の価値が「Ⅰ」「Ⅱ」にあるのだと考える。子どもたちが社会問題をじっくりと考え「どうにかしなくては」「関わってみたい」と,自らの意思が出てくることが大切なのだと思う。

　では,「Ⅰ」「Ⅱ」の充実はどのようにしたらよいのか。問題の解決が簡単なら子どもたちは「どうにかしなくては」とか「関わってみたい」とは思わない。本当に解決が難しいとか,どうにかしなくてはと思うから,社会に関わろうとする意志が出てくるのだと考える。そのために社会事象に関わる2人以上の人物に迫っていく単元の展開がアナザーストーリーの社会科学習である。

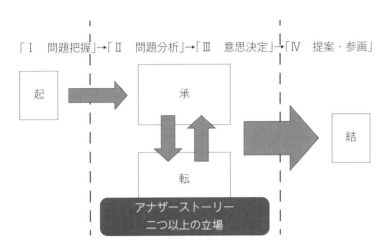

アナザーストーリーの社会科授業について

　単元の展開を「起承転結」と例えるとする。単元開始から社会事象を一人の中心人物の視点で学んでいく。これを「ストーリー」とする。「起」「承」と子どもたちの学習が深まるにつれて「ストーリー」への理解が深まっていくことになる。

　しかし，深まったとはいえ，これでは社会事象への理解は一面的な見方となるだろう。新しい学習指導要領で示されるような「多角的なものの見方」の実現は難しいと考えられる。一つの視点から追究を深めたとしても，その理解は一方的な見方でしかないので，深い学びの実現とはならない。

　そこで，起承転結の「転」に当たる段階に，別の立場や視点から社会事象を見直す学習を取り入れる。子どもたちは「起」「承」における「ストーリー」を学習することで社会事象への理解（社会認識）が出来上がっているが，別の視点から社会事象を見ることで一度形成された社会認識を崩されることになる。「なるほど，別の立場から見るとこうだったのか」とゆさぶられ，社会事象への理解を再構成する必要に迫られるだろう。

　一度できた社会認識を再構成することで，より深い社会認識が生まれると考

える。この「転」の部分に取り入れる別の視点からの学習を「アナザーストーリー」と呼ぶことにする。多角的な視点で社会事象を理解し，認識を深めた子どもたちは，起承転結の「結」の部分で行う提案・参画もより実際的な解決を目指すことができるようになると考えている。

　次章で詳しく述べるが，水道の学習で，私たちの生活を支える水道水は，水道局が川の水を浄水して供給されていることを学習する。これを「ストーリー」として学習する。浄水は浄水場やダムの管理など，水道局の方が日常的に管理し供給しているので，水道局の「ストーリー」を学習しているときの子どもたちの認識は，

　　　　ストーリー
　　| 水道局のお仕事 | ⇒ (おいしく安全な水道水)

となり，水道局の工夫や努力を学んでいく。

　しかし，水道は水道局の方だけに任せておいてよいのだろうか。新しい学習指導要領の中の内容の取扱いには「ごみの減量や水を汚さない工夫など，自分たちにできることを考えたり選択・判断したりできるよう配慮すること」と記されている。

　子どもたちに多角的に思考させ，そのうえで選択・判断させるような展開が深い学びの実現に欠かせない。

　そこで「転」の部分に，水源森林隊という市民ボランティアの活動を学習する。水道を別の視点から考える「アナザーストーリー」である。こうすることで，子どもたちの中で一度形成された「水道水＝浄水場など水道局の管理」という認識が崩され，

というように多角的に見ることができるようになる。おいしく安全な水道水の供給は，水道局だけの働きではなく，私たち市民の関わりも大切なことを学ぶことができる。

⑶ アナザーストーリーで育つ概念的な知識

　新しい学習指導要領の作成にあたって，中央教育審議会では，「何を知っているか」から「何ができるようになるか」という方向性が示され，それに沿って，「生きて働く『知識・技能』の習得」が各教科で求められるようになった。この「生きて働く『知識・技能』」は，学習指導要領では「事象の特色や意味などを考え概念などに関する知識を獲得すること」（学習指導要領解説 p.135）と記されている。例えば，歴史の年号や工業の盛んな地域名，清掃工場の仕組みといった個別的な知識を覚えるだけでは足りないということになる。

　以前から，社会科では「個別的知識」や「概念的知識」などの構造が示され，議論がなされてきた。例えば片上宗二はこれらの議論を丹念に分析した上で，「子どもの知識を成長させてやるためには，当の子どもがどのような知識を身につけているかを知識の構造的把握に基づいて予測しておくことが必要であろう。と同時に教師自身もまた，学習対象についての知識の構造図を描いておくことが不可欠のように思われる」（『社会科授業の改革と展望』明治図書出版）と述べ，教師があらかじめ知識の構造を考えることを求めている。私も，子どもたちの「生きて働く『知識・技能』」を踏まえたとき，教師が授けるだけでなく，子どもたち自身が知識を獲得していくような授業と，そのために教師が知識を構造的に捉えておく必要があると考える。そこで，具体的に授業実践に落とし込んで考えてみたい。

　私は，「ストーリー」と「アナザーストーリー」の二つのストーリーを構成するに当たって，三つの視点から教材を示し，子どもが「生きて働く『知識・技能』」を獲得できるように努めている。それは①客観的，②実感的，③共感的な資料を用意することである。①客観的な資料とは，グラフや図，表など，具体的な数値や事実である。例えば，東京湾最後の埋め立ての授業において，漁師の幸せと，都民の幸せを考える場面において，葛西の漁師は4000人，都民は1000000人という客観的なデータを示す。これを比べると，子どもたちは，多くの人の幸せを考えて埋め立てを行うべきだと考えるだろう。次に実感的に考えさせる。写真やインタビューである。埋め立てが多くの人々にとって大切

なものだという一方で，干潟が果たす役割を実感的に捉えていく。海苔の養殖や自然の浄化作用などの働きがあること，人々の憩いの場になっていることを学ぶことができる。そして，最後に共感的に考えることである。葛西の埋め立てに当たって，埋

め立てを行った当時の港湾局長奥村氏の談話を読むと，高度経済成長期の用地不足の解消や東京港整備が多くの都民のためになると考えていたことがわかる。また，幼い頃から葛西に在住し，東京湾に海水浴場を復活させる取り組みを行っている人々のインタビューからは，幼い日の思い出と海水浴場復活に挑む思いを知ることができる。

　この，客観・共感・実感の組み合わせによって，東京湾の埋め立てに，経済と環境，多数の幸せと個人の権利などの価値の対立があることに気づいていく。個別の知識ではなく，ストーリーに埋め込まれた知識として子どもたちにとって生きて働く知識になると考えている。学習指導要領で記された「事象の特色や意味などを考え概念などに関する知識を獲得すること」に沿うと考える。

　生きて働く，概念的な知識　≒　ストーリーに埋め込まれた知識を。

① 客観的
グラフや図，表など，具体的な数値や事実

② 実感的
体験，写真

③ 共感的
インタビュー，語り，VTR

これらの組み合わせが大切。

　客観・実感・共感のバランスが崩れ，共感が強すぎると思いが前面に出すぎ

たり，客観が強すぎると子どもたちから人ごとのような発言が多くなったりする。教師が授業を振り返る指標ともなり，授業改善の視点となる。

2 一人ひとりに，選択・判断する場面のある授業

⑴ 子どもたちに判断させる場面

授業の中で一人一人が選択したり，判断したりする場面はこれまでも行われてきた。例えば，子どもに「賛成か反対か」という判断をさせる授業である。このような授業は，子どもたちは賛成と反対に分かれて意見を述べるので盛り上がる。教師もうれしくなる。

一方で少し気をつけたいこともある。それは，子どもたちの述べる意見の数々は，問題を解決したり，よりよい判断をしたりするために述べているのかということである。子どもたちはどうしても勝ち負けを気にしたり，相手を打ち負かそうとしたりしてしまう。だから，教師の側の準備が必要になる。

次章にもあるが，廃棄物の学習において，高性能な清掃工場によって焼却を中心に廃棄物処理を行う東京都の事例と，市内に焼却施設を持たず51種類の徹底分別によるリサイクルで廃棄物処理を行う徳島県上勝町の事例を学んだ。学習のまとめの時間に自分たちにできることを選択・判断させた。そのときの問いは「ゴミを減らすためにできることは何か考えよう」だった。このような問いにすると，東京都のよさと上勝町のよさを生かして選択・判断することができる。もし，「どちらがよいか」という問いにしたら，子どもたちは東京のよさか上勝町のよさか，どちらかを選んで方法を考えるだろう。すると，東京を選んだ子どもと上勝町を選んだ子どもは意見を違えなければならない。

子どもたちは，東京都の処理方法のもつ簡便さと上勝町の処理方法のよさであるリサイクルを挙げて話し合う。その際，どちらか一方ではなく，東京都の処理方法も上勝町の処理方法も参考にして考えさせたい。両方のよさを考えていくことで，子どもたちはゴミになるものを増やさない私たちの努力が必要だと気づいていく。廃棄物の処理に関して3Rという考えがある。リデュース・リユース・リサイクルである。このうち無駄のない生活を営むという考えのリ

20

デュースが廃棄物の処理では最も大切であると言われている。上勝町で取り組まれている「くるくるショップ」を参考に，家庭から不要なゴミを持ちより，それを，必要な人に譲るという活動を行った。全部で24kgの不用品が交換された。本来ならばゴミになっていた24kgの廃棄物が，新しい家庭で生かされることになった。

このように，自分にできることを決めさせるためには，多角的に考えるための問いの工夫も必要だと考える。

どちらか一方を選ぶ問い
⇩
それぞれのよさを考える問い

よりよい判断へ

---

(2) 一人ひとりのよさを生かす立場ボード

次に，子どもたち一人ひとりの立場や考えを示す黒板の工夫を示す。

45分の授業中に，全員の子どもの考えを発表するには，話してもらいたくても時間に限りがあり，できないことがある。そこで，小黒板にマグネットを貼って，自分の考えを表現する工夫は広く行われている。しかし，なかには，なかなか決められない子どもたちもいる。その気持ちはよくわ

かる。どちらも正しいと考えていたり，もっと調べたいと思っていたりするとなかなか貼れないのである。そのような子どもも安心して立場を表現できるようにするために，もう一工夫加える。

　横軸に立場や考えを表現するとともに，縦軸に，自分の判断に自信があるかないかを表現するのである。私は「キッパリ」と「モヤモヤ」と表現している。単元の最初で，もっと調べないとわからない場合は，「モヤモヤ」の位置の子どもが多い。しかし，学習が進んでいくと「キッパリ」は増えてくる。「モヤモヤ」の位置をつくることで，今の段階では判断できないという子どもも貼りやすくなり，教師も「どうして悩んでいるの？」と問うこともできる。

3　選択・判断したこと，自分の思いや考えを表現できる
～「社会科新聞」をつくる～

(1)　新聞づくりをする意味

　新聞づくりは教科書などでまとめの学習として紹介されている。しかし，「時間がかかる」「子どもが面倒くさがる」などの理由で敬遠されることも多いのではないか。しかし，私はあえて社会科新聞をつくることにしている。

　その理由は，深い学びが達成されたかどうかを新聞を見ることで理解できるからである。また，単元で子どもの**社会認識がどのように育ったかがわかる**からである。新聞をつくるには，

---

　　①　事実となる出来事，

　　②　根拠となる資料を選び，

　　③　自分の意見

を書かなくてはならない。子どもの社会認識が端的に示されていてわかりやすい。

　もう一つよい点がある。それは，友達と刺激しあって学べるよさである。

　丁寧に仕上げてある新聞を見ると，ついつい目が留まる。それを読むと，作成した人の意見がよくまとめられている。友達はこんなことを考えていたのか

と刺激を受ける。

(2) 社会科新聞作成の方法

では、どのように指導したらよいのだろうか。

最初は子どもたち一人ひとりに学習を振り返り、この学習の中で一番伝えたいことはなにかを考えてもらう。水道の学習だったら、子どもたちは「川の水が水道水になる工夫を伝えたい」と言うかもしれない。このような場合は、水道水になるには水源林、ダム、浄水場など多くの工夫があることを紙面に表していくことになる。また、「浄水場の工夫を伝えたい」「水源林の豊かさを伝えたい」と言う子どもは、もう少し焦点化された工夫を書くことになる。どちらも新聞を書くことができるのだが、もし教師が単元でこだわった場面があった場合、その場面を子どもが選んでくれたらうれしい。教師の意図と子どもの学びが一体となれたかどうか。授業評価の機会にもなる。

書きたい内容が決まったら、紙面づくりになる。社会科新聞づくりを始めたときは、紙面を三つのブロックに分ける。

三つのブロックには、
① 事実
② 資料とその解説
③ 自分の意見
を入れる。

この三つを入れると誰でもまとまりのある紙面をつくることがで

きる。それができるようになったら、「驚きを伝えよう」「仕事をしている人の願いや努力を伝えよう」「対立する意見を取り上げよう」など、内容を深めていくと効果的である。さらに割り付けも工夫させていくとよい。教えたことを使って一人ひとりの個性と工夫が発揮されるようになってくる。

以上が新聞づくりの基本であるが、三つのブロックのうち、子どもが「③自

分の意見」を書きたいと思えるかどうかが成功のカギを握っている。調べたことを紙面に移していくのは子どもにとってとても時間のかかる作業である。しかし，自分が言いたいことや主張したいことがある場合には子どもはすらすらと書き進めることができる。だから，授業において「③自分の意見」をもてるような授業をしているかどうかが一番大切だといえるだろう。

> 新聞づくりは「自分の意見」を書きたいと思えるかどうかがポイント。

　自分の意見を書きたいと思えるような認識が育ったならば，それは「深い学び」が実現できたと考えられるだろう。それは新しい学習指導要領でも再三出てくる「選択・判断」「立場を明確にして」「自分たちができること」を授業で扱ってきたといえるからだ。

　例えば，私は単元の最初で「問い」を一つつくってそれをじっと続けていくような授業では成り立たなくなるのではと感じている。「どのように」と社会事象の仕組みを捉えたあと，「どうすべきか」「どうあるべきか」を問うていく必要があるのだと思う。それを考えることで，複数の立場に立って考えることや，複数の立場がわかったうえで，自分はどうしようかと考えることができるのではないだろうか。それが新聞づくりの「③自分の意見」のところで発揮される。自分の考えを表現する力が高まっていく。

(3) 社会科新聞の例

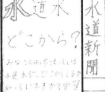

この新聞は何を伝えたいのか？読み手に投げかけるような始まり方。
なんのために書いたのかもわかる。

考えが書かれているところ。
自分なりに学習を振り返って、問題や課題だと思う点について述べたり、学習をもとに自分で取り組んだりしたことなどを書いている。
それを読むと、その子どもの学びの深まりを知ることができる。

図や資料を使うことで、
① 説明をわかりやすくしたり、
② 自分の考えの根拠がわかったりする。

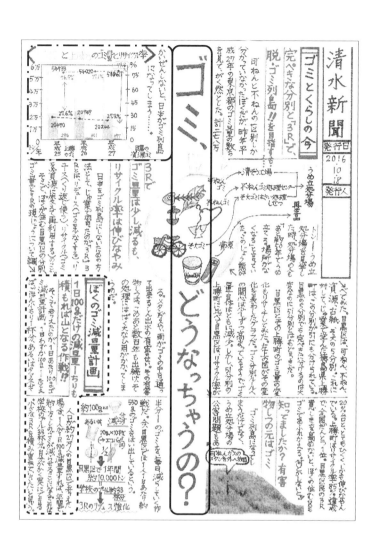

Ⅱ章
深い学びが生まれる社会科授業

1 ——

おいしい東京水を支える
二つの秘密
~高度浄水処理と多摩川水源森林隊~

1 新しい学習指導要領と「くらしを支える水道水」の授業

　新しい学習指導要領のなかで，子どもたちが身に付ける資質・能力の3要素の中の「思考力，判断力，表現力等」の育成に当たっては「多角的に考え，主体的に判断する」とされている。「知る」から「できる」ことが求められる新しい学習指導要領において，授業を終えた後に社会の出来事に進んで関わろうという意欲をもつ子どもたちの育成が求められていると考える。

　まず「多角的」という言葉について考えてみる。社会科授業研究においては，「多角的」とは複数の立場から見ることと捉えることが多い。例えば，スーパーの学習では，お店の人の立場やお客様の立場というように，異なる二つの立場から学習すると学びが深まる。二つの立場に立つことで，スーパーにある様々な工夫が消費者の要望とそれをかなえようとするお店の人々の努力によって形成され，日々よりよく変化していることを理解する。普段当たり前のように見てきたスーパーの工夫がお店の人と消費者の関係によって形成されることを学ぶ過程によって，子どもたちはより深い学びを形成していくと言ってよい。おそらく，社会事象を支える人々の営みを深く理解した子どもたちは，社会の仕組みをつくる大人へのあこがれとともに，社会に関わろうという願いをもつようになる。

　次に，「主体的に判断する」ということについて考えてみる。新しい学習指導要領では「選択・判断したりする力」という記述が加えられた。「選択・判断する力」は社会事象を知るだけでなく，子どもたち一人ひとりがどうしたら

Ⅱ章　深い学びが生まれる社会科授業

よいのか，どうすべきか，進んで考えることを示している。主体的な社会参画への第一歩と言ってよいだろう。しかし，この「選択・判断する力」はすべての単元には書かれていない。描かれている単元について示してみる。

3年
・消防，警察
4年
・廃棄物，水道，電気，ガス
・災害
・伝統，文化の保持継承
5年
・国土の環境保全，公害

このように，「選択・判断する」はすべての単元で書かれているわけではない。だからこそ，書かれている単元については，意識的に社会との関わり方を進んで選択・判断する場面を取り入れる必要があるのではないだろうか。

以上のことから「水道」の授業においては，「多角的に考え，主体的に判断する力」を意識して単元を構成する工夫として，①立場複数性と②選択・判断する場面を設けたいと考える。

学習指導要領を意識した単元構成のポイント
①　複数の立場から考える授業展開
②　選択・判断する場面を設ける

◆教材について〜東京の水道水を支える二つの立場〜

①　「日本一まずい」から「日本一うまい」へ

1984年当時の厚生省が発足させた「おいしい水研究会」で「日本一まずい水」と評価された東京の水道水は，現在では日本一おいしいともささやかれる

29

ほど劇的な変化を遂げている。その理由の一つに高度浄水処理が挙げられる。高度浄水処理は1992年に旧江戸川沿いの金町浄水場に初めて導入された。巨額の費用を投じて導入されたこの設備は一般的に行われている浄水処理に加え，オゾンと生物活性炭処理をすることで，強烈な臭いを取り除くことに成功する。その効果は絶大で高度浄水処理は各浄水場に広がっていった。この成功を受けて東京都水道局は全国に先駆けてペットボトル水道水「東京水」を発売する。これはおいしくなった東京水のアピールのために発売されたもので，実際に天然水と飲み比べても47％の人が「東京水」の方がおいしい（水道局HP）と答えるそうである。このように，今やおいしい水として市民に定着した東京水だが，調査をしていくと意外な事実に気づくことになる。

② 高度浄水処理の驚きの事実

東京の水道水の水源は，大きく分けて「利根川・荒川水系」と「多摩川水系」に分けられるが，意外なことに高度浄水処理施設は多摩川水系の浄水場には1か所も導入されていないのである。居住地区によって配水される浄水場が異なるため，高度浄水処理水が送られていない家庭もあることになる。どうして高度浄水処理施設は「利根川・荒川水系にしかないのか」という強い疑問が起こる。理由を探っていくと，利根川は千葉県・埼玉県・群馬県など，広大な流域面積を誇り（日本1位）流域人口が多いため，どうしても汚れてしまうことが分かる。それに比べて多摩川は流域がほぼ東京都に収まるほど短く，流域人口も少なく汚れにくい。そして最大の理由は，東京都が，多摩川の水源森林を115年にわたって管理し続けていることである。現在でも東京都と山梨県の

水源林を毎年買い増している。そのため，取水地点での水を比べてみると一目瞭然となる。水質は多摩川の方が圧倒的にきれいだということが分かる。

このように，東京の水道水は，二つの水源と技術革新と環境保護という二つの考えによって形成されている。一つの事象を複数の立場から考え多角的な見方や考え方を育成する授業に適している。

2 多角的に考え，主体的に判断する授業構成

(1) 指導計画（合計9時間）

第一次　問題づくり：ペットボトル入り水道水とは？

① ペットボトルに詰められた水道水「東京水」

② 東京水と天然水の飲み比べ。どうしてこんなにおいしいの？

第二次　追究①：東京水をつくる高度浄水処理

③ 東京水のおいしさの秘密，高度浄水処理

④ 高度浄水処理施設の見学 ───── ポイント①　多角的に考える場面

第三次　追究②：東京水をつくる水源森林隊

⑤ 高度浄水処理のない多摩川の水を追跡！

⑥ 多摩川水道水源林を管理する多摩川水源森林隊

第四次　まとめ：東京水を支えているものとは？

⑦ 水源森林隊の皆さんはボランティア！

⑧ 水道水を支える水道局と市民の働き ───── ポイント②　選択・判断する場面

⑨ 水道水を伝える新聞づくり

単元の展開に当たっては，おいしい東京水を支える多角的な視点として，追究①で高度浄水処理を学ぶ。そのうえで，追究②として多摩川水源森林隊を学習する。まとめにおいて，水道水は水道局の高度な技術と市民による意識と活動によって支えられていることを学び，水道水を深く理解していく。

⑵　単元の目標
○水道水が水道局と市民のボランティアなど，複数の人々の働きによって，安全かつ安定的に供給されていることを理解する。
○水道水の安全かつ安定的な供給に様々な人々が果たす役割を考え，自分にできることを考えたり，自分が大切だと思うことについて意見をもったりすることができる。

3　授業の実際

⑴　問題づくりの場面
　子どもたちに，全国で初めてペットボトルに詰められて販売された「東京水」を配布して見せる。ラベルをじっくり観察させる。すると子どもたちは自分たちで様々な情報を見つけていく。
・水道水のペットボトルなんだね。
・東京都水道局で作られているんだね。
・世界に誇る水道水のおいしさだって。すごい自信だね。
などの意見が出てくる。子どもたちは「水道水」のペットボトルがあることに驚くとともに「飲んでみたい！」と声

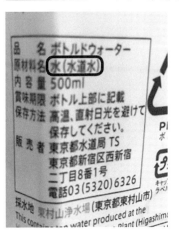

をあげる。子どもたちの期待に応えて「東京水」を飲むことにするが，東京水のおいしさをより実感できるように，市販の天然水との飲み比べにする。40人の子どものうち，正確に当てることができたのは，たった15人だった。子どもたちは，
・意外な結果。
・はずれるとは思わなかった。
・水道水の方が甘い。
・水道水の方がクリア。天然水には味に混

Ⅱ章　深い学びが生まれる社会科授業

ざりがある。
と答える。

　子どもたちが間違えるのは無理もない。下は東京都水道局のHP（平成26年）でだれでも閲覧できる市民への飲み比べの結果である。この結果も子どもたちに見せると，子どもたちは，自分たちが間違えたことに納得するとともに，「今まで水道水なんて飲んだことなかったけど，驚いた」と水道水の秘密に引き付けられていく。

> 実施方法　水道水は水道局庁舎の蛇口等から採水
> 　　　　　水道水、ミネラルウォーターとも同じく10～15℃に温度管理
> 　　　　　どちらが水道水又はミネラルウォーターか分からないようにして実施

参加者	水道水の方がおいしい	ミネラルウォータの方がおいしい
52,747人	24,652人 (46.7%)	28,095人 (53.3%)

　さらに，価格面についても比較すると子どもたちの興味は一層膨らんでいく（水道水の価格は東京都水道局HP参照）。

	1リットル	1日1リットル飲むとして1年間
水道水（東京水）	約0.24円	約70円
天然水	100円程度	36500円程度

　おいしさは互角なのに，値段には大きな差がある。
　子どもたちは，驚くとともに，
「こんなにおいしい東京水はどうやって作られているのか」
という問題意識を強くもっていく。このようにして，クラスが一つになる学習

33

問題がつくられた。

(2) 追究①〜高度浄水処理〜

　天然水と飲み比べても，全く遜色のない「東京水」はどうやって作られているのか？　子どもたちの追究が始まった。すぐに教科書や副読本を調べて，
「先生，浄水場に秘密があるよ」
「浄水場で，沈殿やろ過をしてきれいにしているらしいよ」
という声があがる。また家庭に帰ってインターネットで調べた子どもは，
「東京の水道水は高度浄水処理をしているんだって」
と報告してくれる。高度浄水処理は，教科書や副読本には掲載されていないので，「高度浄水処理って何？」と質問する子どももいる。調べてきた子どもは，
「オゾン処理と生物活性炭処理って書いてあるけど，難しくてよくわからない」
と答える。浄水場には工夫があることは分かったのであるが，実際にどうやってきれいになっていくのかはよく分からない。問題意識や見ていく視点が固まったところで見学の計画を立てる。持ち物や行動計画も大切であるが，社会科学習として，何を解き明かしに行くのかを明確にもつことが大切である。

深い学びにつながる社会科見学のポイント
○子どもたち一人ひとりが，解き明かしたいことをもって見学に行くことが大切。それには事前の問題意識の高まりが大切。

　さて，「どのようにしておいしい東京水は生まれるのか。高度浄水処理って何なのか？」を調べに浄水場に見学に行く。

　浄水場に着いた子どもたちは，最初の取水口で驚かされてしまう。取水口では

荒川から水がどんどんひかれているのだが，量の多さ以上に，臭いの強烈さに驚かされる。「くさい」「魚の臭いだ」「いや，海藻の腐ったような臭い」「色も緑だね」「これが飲めるようになるの？」と口々につぶやく。子どもたちは，前時で天然水に負けない「東京水」を知っているので一層驚かされている。ところが，各設備を通して劇的に変わっていくから，浄水場はすばらしい。浄水場では，下のような過程で水をきれいにしていく。

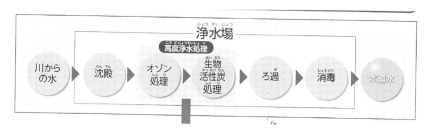

　特に，巨大な建物の中にある「オゾン処理」と「生物活性炭」による「高度浄水処理」施設は圧巻である。見学をしている最中にも，他県の方が見学に来ているなど，この施設のもつ先進性に子どもたちは目を見張っている。

　これらの見学をした後に，再度水道局で水道水を飲んでみる。改めて東京水のおいしさを実感することができた。

(3)　追究②〜多摩川水源森林隊〜

　「高度浄水処理」という最新技術を使って河川の水からおいしい「東京水」を作り出していることを学んだ子どもたちには，

おいしい水道水　＝　高度浄水処理

という認識が形成されている。今回は下の資料を使って子どもたちの認識をゆ

さぶり，深い学びを形成させていく。

東京都水道局が作っている水道要覧平成28年版に記されている表である。何気ない表なのだが，実は大きな秘密が隠されていることが分かるだろうか。

【浄水場の施設概要】
(平成27年4月1日現在)

水系	浄水場	処理能力(m³/日)	比率(%) 浄水場別	比率(%) 水系別	処理方法
利根川・荒川水系	金町	1,500,000	21.9	79.9	急速ろ過方式・高度浄水処理 (150万m³)
	三郷	1,100,000	16.0		急速ろ過方式・高度浄水処理 (110万m³)
	朝霞	1,700,000	24.8		急速ろ過方式・高度浄水処理 (170万m³)
	三園	300,000	4.4		急速ろ過方式・高度浄水処理 (30万m³)
	東村山	880,000	18.4		急速ろ過方式・高度浄水処理 (88万m³)
		385,000			急速ろ過方式
多摩川水系	小作	280,000	4.1	17.0	急速ろ過方式
	境	315,000	4.6		緩速ろ過方式
	砧	114,500	1.7		緩速ろ過方式・膜ろ過方式
	砧下	70,000	1.0		緩速ろ過方式・膜ろ過方式
	玉川	(152,500)	—		緩速ろ過方式・急速ろ過方式
相模川水系	長沢	200,000	2.9	2.9	急速ろ過方式
地下水	杉並	15,000	0.2	0.2	消毒のみ
計		6,859,500	100.0	100.0	—

子供たちに渡してしばらくたつと，「利根川・荒川系の浄水場にはすべて高度浄水処理があるのに，利根川系には1か所もない」と声があがる。

「高度浄水処理のおかげでおいしい水道水が飲めるのに，多摩川水系の水はおいしくないって

II章　深い学びが生まれる社会科授業

ことか？」
「どうして，多摩川に高度浄水処理を作らないのかな？」
と問題が自然とつくられていく。子どもたちの追跡が始まっていく。

　翌日，一人の子どもが荒川の水を汲んできた。色は濁り，臭いもよくない。多摩川の水と比べようと，次の日は多摩川の水を汲んでくる子どもも出てきた。早速比べることにした。

　すると，色も臭いも多摩川の方がはるかによいことが分かる。荒川と多摩川を地図帳で調べてみる。すると，多摩川は東京都の中にほぼ収まる長さなのに比べて，荒川は利根川につながり，利根川は埼玉県から栃木県，群馬県にまでつながっている長大な河川であることが分かった。

「荒川・利根川はとても長いね」
「流れの途中で汚れていくよね」
「それに比べて，多摩川は短いね」
「大きな川だと思っていたけど，東京都だけの河川って感じだな」

　二つの河川を地図帳でくらべ，水質が異なる原因を突き止めていった。そして，多摩川の最上流には小河内ダムによって造られる奥多摩湖がある。子どもたちは奥多摩湖に興味をもって調べていく。

　すると，奥多摩湖の周囲には広大な「水道水源林」が広がっている。水道水源林は水道の水をきれいにするため，安定的に蓄えるために，人の手によって管理されている森のことである。東京都ではこの奥多摩の水道水源林を100年以上管理し続けている。どうして，多摩川の水がきれいなのか。子どもたちは，その秘密が水道水源林にあることをつかむことができた。そして，これまでは，東京の水道水がおいしい理由は，高度浄水処理を行っているからという認識だったが，追究②を通して，

37

$$\text{荒　川　＝　高度浄水処理}$$
$$\text{利根川　＝　水道水源林}$$

という対比が明確になり，水道水の確保には様々な方法があることへと認識が変化していった。社会の出来事を多角的に考察することができたと言ってよい。

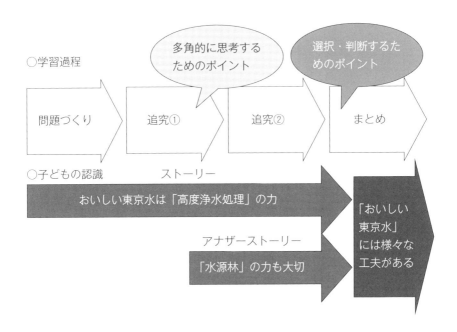

(4) まとめ
① 水道水源林を管理する水源森林隊は「ボランティア」

多摩川の上流には豊かな水源林が広がっていることが分かったが，水源林は管理しなければ効果を発揮することができない。それどころか，土砂崩れなどの自然災害を引き起こしてしまう。そのため，東京都水道局では水源林を広げるとともに，ずっと管理していることを伝える。その様子をスライドと動画で見せていく。

Ⅱ章　深い学びが生まれる社会科授業

仕事内容は，
・週に3回の活動（土・日・木）
・9：30〜16：30の作業
・重さ1200kg，高さ5.6m，直径30cmの丸太を，一人で10本処理する。

子どもたちはとても大変な作業だと感想を述べる。
しかし，多摩川水源森林隊には大きな秘密がある。
下の写真を見て何か気づくだろうか？

水源林を管理している多摩川水源森林隊は「ボランティア」なのである。
さらに続けて下の資料を見せる。
・実は，全員1円もお金をもらっていない。
・それどころか，交通費も出ない。（自腹という）
・お弁当も出ない。（だから，自分で持ってくる）
・それでも，このボランティアを続けている……。

39

特に，左のAさんは，
Aさん　73歳
ボランティア歴　13年
734回目のボランティア（歴代最多回数）

　子どもたちは，「こんな大変なことをボランティアでしているのか！」と驚く。また，「自分ならできない」という意見が多い。「大変なのに，どうしてボランティアをしているの？」という疑問をもつ。

　私は，Aさんをはじめ数名の水源森林隊の方に「どうしてボランティアをしているのか」伺っておいた。その理由は人それぞれだが，まとめると以下のようになる。

・ペットボトルの水を買う人が増えたのを見て，これではいけないと思った。
・体力づくりのためにやっている。
・山が好きで，自然の中で作業をするのが好きだから。
・だんだんうまく木を切ることができるようになり，技術向上を図れるから。
などである。

　子どもたちに，水源森林隊の方のインタビュー映像を見せると，
「大変だと思っている人は少ないね」
「むしろ，自分から進んでやっている」
「自分たちも楽しいと思ってやっている」
「Win-Winの関係だね」
「ボランティアのイメージが変わった」
などと述べる。

　そして，単元の最後は新聞で「おいしい水道水の秘密」についてまとめた。
　新聞を書くには内容をしぼらなくてはならない。それは，学習したことの中から自分が大切だと思うことを選ぶ作業である。これは，選択・判断する場面

Ⅱ章　深い学びが生まれる社会科授業

である。子どもたちのつくった新聞を見て，

> ① どのような記事を
> ② いくつ選んだのか

見ていくとよい。評価にもつながるであろう。また，まとめの部分も大切にしたい。その子どもが単元を通して学んだことを精いっぱい書いているのである。それは，子どもの思考や判断を読み取れるだけでなく，教師が単元で学んでほしかったことを子どもが獲得できたかを点検できる場面でもあるからだ。

■本単元での「多角的」なものの見方，選択・判断する力の育成

　水道水の供給には様々な工夫や努力があるということを学ぶ本単元において，高度浄水処理という最新技術と対をなすようなボランティアによる水源林管理を学ぶことで，「おいしい東京水」の供給は，どちらか一つでは成り立たないという多角的な見方が育成されたのではないか。また，新聞作成は子どもたちが水道水の学習を通して大切だと思ったことを選択・判断する機会になる。さらに「できることから始めよう」という社会に貢献しようという気持ちを書く子どももたくさん見られた。子どもの記述内容を読むことで，教師にとっては単元を振り返り，実践を修正する手立てにもなるだろう。

2 ——
私たちの生活と廃棄物
～残り少ない最終処分場とゴミの資源化の悩ましさ～

1 新しい学習指導要領と「私たちの生活と廃棄物」の授業

(1) 授業構成のイメージ

廃棄物の学習の内容を新しい学習指導要領では，次のように記している。

知識及び技能について

・廃棄物を処理する事業は，衛生的な処理や資源の有効利用ができるよう進められていることや，生活環境の維持と向上に役立っていることを理解すること。

思考力，判断力，表現力等について

・処理の仕組みや再利用，県内外の人々の協力などに着目して，廃棄物の処理のための事業の様子を捉え，その事業が果たす役割を考え，表現すること。

廃棄物を処理する主体の中心は自治体である。子どもたちの暮らす自治体では，様々な手立てによって，家庭や企業から出る廃棄物を日常的に処理し，私たちの健康的な生活の維持に努めている。廃棄物の処理の学習では，この仕組みを学ぶことで自治体の果たす役割の大切さを学ぶことが一つのポイントになるだろう。

また，水道の学習と同様に，内容の取扱いでは「自分たちにできることを考えたり選択・判断したりできるように配慮すること」と記されていることも，

大切なポイントになる。自治体で行われている廃棄物の処理に対して，私たちが少しでもできることはないかを考え，実践しようとする授業を行いたい。

以上二つのポイントを考えると，学んだ自治体の処理の方法に即して，自分のできることを考えていくという授業構成がイメージできる。

①　私たちが暮らしている町の廃棄物処理の現状　→　②　自分たちができることを選択・判断する

授業構成のイメージ

(2) 深い学びが，主体的な選択・判断を生む

授業イメージの「②自分たちができることを選択・判断する」場面の学習にはどのようなものがあるだろうか。例えば，「ゴミの削減方法を考えよう」という課題で，子どもたちが様々な削減方法を調べたり，「生活を見直し，ゴミを減らそう」という課題のもと，1週間など決められた期間の自分の取り組みとゴミの量を表にしたりする活動である。どちらも，大切な学びである。

しかし，これらの学習はともすると，教師の提案に子どもたちが追従する活動になってしまいがちである。子どもたちの主体性に欠けた「活動あって，学びなし」といわれるような授業である。大切なことは授業構成のイメージのなかの「①私たちが暮らしている町の廃棄物処理の現状」と「②自分たちができることを選択・判断する」が結びついていることである。廃棄物処理の現状や課題を踏まえて「なんとかしなければ」という子どもの主体的な選択・判断を行うことが，学習指導要領が求める「選択・判断」の場面になるのだろう。

そのためにはどうしたらよいのか。「①私たちが暮らしている町の廃棄物処理の現状」を深く捉えることである。そのために，廃棄物の処理を複数の視点

で考え，解決したいという思いを育てることが大切である。

(3) **教材について～廃棄物処理　二つの立場～**

　廃棄物の処理には，大きく分けて二つの処理方法がある。一つは高度な焼却施設を用い，可能な限り体積を減らす焼却をして，少量になった廃棄物を埋め立てる方法である。二つ目は，可能な限り分別をしてリサイクル率を高める方法である。リサイクル率を高めれば燃焼しなければならない廃棄物の量が減るという方法である。

　高度な焼却施設を用いる例として，東京23区が挙げられる。分別は大まかにいうと，燃えるゴミ・燃えないゴミ・粗大ゴミ・資源の4種類と少なく，焼却施設では，ゴミの体積を減らすスラブ化を行い，灰のようになったものを東京湾に埋め立てている。

　リサイクル率を高める例として，徳島県上勝町が挙げられる。50を超える徹底的な分別により，リサイクル率は全国平均の18％を大きく超える76％を誇っている。そのため，最終的に焼却しなければならないゴミの量を減らすことに成功している。

　この二つを比べると，子どもたちの多くは，「リサイクル率を高めた方がよい」と答えることが予想できる。そこで，毎日の生活の中で，50以上の分別ができるだろうかと考える場面を設けたい。子どもたちはゆさぶられるだろう。そして，50以上の分別をどうして上勝町の人々は行うことができるのかを考えることで，廃棄物処理の現状と課題を深く学ぶことができると考えている。

　そのような，深い学びが，子どもたちの主体的な選択・判断を生んでいくのだと考える。

多角的なものの見方・考え方

Ⅱ章　深い学びが生まれる社会科授業

⑷　上勝町の廃棄物処理

　徳島県の山間部に位置する上勝町は，「ゼロ・ウェイスト宣言」を2003年に日本で初めて行った自治体である。

　「ゼロ・ウェイスト宣言」とは，これまであった「ゴミゼロ運動」とは一線を画する考え方である。「ゴミゼロ運動」はポイ捨てなどによる街の景観保護のために，市民によるゴミ拾い活動などを中心としてきたものであり，従来通りのゴミ処理を焼却＋リサイクルを進めることに終始してきた。リサイクルを進めても，大量生産・大量消費・大量廃棄が改善しなければ，出てきたゴミの処理に明け暮れるという川下政策は変わらないだろう。

　しかし，「ゼロ・ウェイスト宣言」は，「ゴミになるものは作らない，ゴミを燃やさない，埋め立てない」を基本理念にしている。

　上勝町では「焼却ではなくリサイクルで減量を」を合言葉に，収集車を廃止し焼却炉を閉鎖した。町民は，町内に一つのゴミ収集場所「日比ヶ谷ごみステーション」に持ち込み51種類の分別（34分別を見直し2016年6月より）を行っている。

　「日比ヶ谷ごみステーション」には，51分別をする収集場所としての機能だけでなく，リユースを行うための「くるくるショップ」が併設されている。「くるくるショップ」では，町民は不要になったものを自由に持ち込み，必要なものを自由に持ち帰ってよいため，無理なくモノのやり取りをしている。ここでは，モノのやり取りを通して会話も生まれ，住民の触れ合いの場にもなっている。

　上勝町では2020年に「焼却・埋立処分をゼロにしよう（実質的な廃棄物ゼロ）」という壮大な目標がある。そのために住民一人ひとりが，意識的にリサイクルや分別を進めている。年々その成果は上がっている（次のページ）。

　上勝町の事例は，人口の多い都市部では，51種類にも分けるゴミ取集場所の確保にも難しく，すぐに参考になるものではない。しかし，持続可能な社会が標榜されて久しい今日，また，眼前に迫りくる東京湾の埋め立て期限問題を考えたとき，上勝町のような考え方や取り組みは，東京に住む子どもたちにとっても新たな視点を授けてくれる。

45

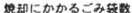
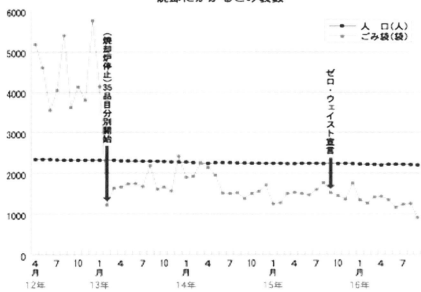

2 単元のねらい

　廃棄物の処理には，都と区による計画的な事業があることを理解するとともに，最終処分場の残り期限が迫る今日，廃棄物処理についてよりよい解決の方法を考えることができる。

3 指導計画 (8時間)

第一次　問題づくり：私たちのゴミはどこへ行くの？
① 私たちが出したゴミはどこに行くの？　② 教室からゴミ置き場，清掃工場

第二次　追究①：ゴミの終着駅，東京湾
③ ゴミはどれくらい出ているの？
④ 最終処分場と東京湾

第三次　追究②：51分別の自治体があるって本当？
⑤ ゴミを減らすにはどうしたらいいの？
⑥ リサイクル率の高い上勝町

第四次　まとめ：ゴミを増やしてしまうものは？
⑦ 有料化とゼロ・ウェイスト
⑧ くるくるショップを開こう

○学習過程

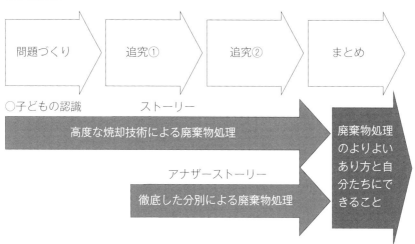

4 授業の実際

(1) 問題づくりの場面

導入は、前時に学級活動で開いた「お誕生日パーティー」のゴミを教室に広げることから始めた。パーティーを行うと、ペットボトル、缶、ビニール、プラスチック、バナナの皮などのゴミが出てくる。広げると、バナナの皮を中心に強く臭ってきた。「くさい」「汚い」「さっきまで触りたかったのに、もう触りたくない」「すぐに捨てないと腐る」などの感想を述べる。どうやって捨てるか考え、「分別しなくちゃ」「分別は区ごとに違うよ」「学校は文京区だ」「用務員さんに聞こう」「その前に、ぼくらで分別して持っていこう」などの意見を引出し、本時は終了。このパーティーゴミはどうなっていくのか考えていくことにした。

ゴミの行方を気にしだした子どもたちは、休み時間に進んでゴミを捨ててくれている、用務員さんのところに行く。すると、1人だけではなく、3人の用務員さんで処理をしてくれているという。作業を見ていると、教室から学校の収集場所に持ち込まれたゴミ袋を一つひとつ開けて、中を確かめて、分別し直している。「これはまずい」と驚いた子どもたちは、教室に帰って報告し、全員で見学させてもらうことにした。「大変な作業だ」「臭いがすごい」「もっとしっかり分別していれば、用務員さんが楽になるんじゃないか」などと意見を述べた。この後、ゴミはどこへ行く

のか調べると,業者さんが取りに来て,焼却場へ持っていくという。ただ,文京区には焼却場がないそうだ。そのため,いろいろな区の焼却場に行くそうだが……。すると子どもたちは「ぼくの区はあるのかな?」と疑問をもつ。自分の家の出し方を調べることと,焼却場を見学したいという意欲が出てきた。

(2) 追究①の場面～東京都の廃棄物処理～

　学校のゴミは,用務員さんが分別してくれていることが分かったが,家庭ゴミはどうなっているのだろう。また,用務員さんが文京区には清掃工場がないと言っていたが,自分の区はどうなのか。家庭で調べてきたことをまとめた。すると大きくは①可燃ゴミ,②不燃ゴミ,③資源ゴミ,④粗大ゴミに分けられていることが分かった。また,清掃工場は23区内に21か所あることが分かった。

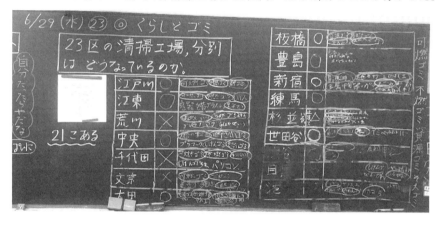

　23区では大きく分けて四つに分別しているが,どうして分別しなくてはいけないのか考えた。子どもたちは「分別はあたりまえ」としている。そこで「めんどくさい」と教師が演技し,スタートした。意見は板書のように出てくる。子どもの「資源ゴミがもったいない」という意見からどうしてもったいないのか問い返し,ゴミの行方を追うことになった。教科書や副読本,持参資料で見ていく。一通りの道順を終えて,最後にたどりつく先を見ると,「資源ゴミ」だけが埋め立てされないことになる。そこで最初に書いた「可燃ゴミ,不燃ゴミ,資源ゴミ,粗大ゴミ」の言葉がおかしくないか発問した。子どもたちは一瞬悩

んだが，次第に「分かった」「変だ」「おかしい」と声が聞こえはじめ，広がってくる。全員が手を挙げて発言したがっている。「『資源ゴミ』というけど『資源』でしょ」「教科書は資源ゴミだけど，他の資料は全部『資源』となっている」と意見を述べる。

> ゴミ　＝　役に立たないもの
> 資源　＝　ものをつくるもと

　最初に辞書で二つの言葉を引いた。ゴミと資源では大きく意味が違う。子どもが「資源ゴミものっている！」と言う。

　「資源ゴミ＝資源として再利用できるゴミ」だそうだ。「なんだか変な言葉だな」という言葉を皮切りに，「資源でしょ」「ゴミだよ」と意見が分かれて，話し合いになった。

　しかし，「ゴミだとまずいよ。あと50年くらいで東京都の埋立地は終わってしまうらしい。資源にしないとダメなんだ」という子どもの発言で風向きが変わってくる。ゴミだと主張する子どもが「教科書を見てよ。汚いものは分けられると書いてあるから，ペットボトルや缶だってゴミになるんだよ」という意見も出てくる。「でも，それって人間が汚しているんでしょ」「洗わないのがいけない」人間の心がけだという。すると，「埋立地がなくなったら，他の県や外国に持っていけばいい」という意見が飛び出して，大騒ぎ。「そんなの許されない」「失礼だ」と反対するが，現実にはそのような自治体もある。本当にあると知ったら子どもたちは驚くかもしれない。そこで，東京23区の現状を深く知るため，清掃工場と埋立処分場の見学を行った。

① 豊島清掃工場見学

　多くの人々でにぎわう池袋駅のすぐ隣に豊島清掃工場はある。都心に位置するため，煙突の高さは，日本一の210mに達する。

　焼却能力も高く，一日に約400tの廃棄物を焼却している。見学は，パッカー車が搬入する様子から，ゴミを焼却炉に入れる様子まで見ることができる。

規模の大きさに子どもたちは驚かされる。また、見学中もどんどんゴミが運ばれてくることや、ためられたゴミがこんなにたくさんあるのかと実感することができる。

② 中防埋立処分場見学

豊島清掃工場をはじめ 21 の清掃工場で焼却されたゴミは東京湾にある中央防波堤埋立処分場で埋め立て処分される。

小高い山のようになった埋立地は残り 50 年分と説明してくださった。周囲が一望できる廃棄物の山の頂上には「限りある埋立空間大切に」という石碑があり、子どもたちは考えさせられていた。また、埋め立て期限の問題の他にも、埋め立てた廃棄物の間を雨水が通ることで、汚れた水となり、それを海に流すための処理を埋め立て後も数十年続けなければならないこと、廃棄物による埋め立て地は地盤が不安定なため、住宅地や工場として適さず、使用目的が限られてしまうという課題があることが分かった。どうしたらいいのか。子どもたちは途方に暮れたようだった。

③ 子どもたちの感想

・黒い水はゴミを出すほどに増えていきます。ゴミなんか出しても何もいいことなんかないと思いました。一人で 1 年間に 303kg も出しているんだ。驚きました。あと、50 年で埋め立てる場所もなくなってしまいます。3R を

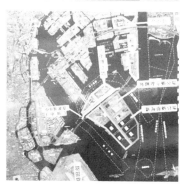

しっかり守って，もっとゴミを減らしたいと思いました。

・今日の勉強で分かったことは，ただ埋め立てるだけではどうしようもないことだ。黒い水や土地利用が難しいし，処理も大変。それを解決することはできないけれど，私たちにできることもある。それは3Rだ。みんなでできることがある。だから東京都民の人たちで，3Rをがんばりたい。

・ゴミを埋め立てれば，今までは「めでたし，めでたし。」かと思ったけど，ぼくたちがゴミを出すほど，あと少しの埋立地が減り，埋め立てたゴミを通ると水が黒くなりその処理で予算の半分も使うなんて……。あと埋立地はぼこぼこ。ぼくたちが3Rを自覚してなるべくゴミを減らさないようにと改めて思いました。

(3) 追究②の場面〜51分別の上勝町〜

　埋め立て処分場の見学によって，高度な焼却施設を使っても，埋め立てには期限があり，進出水などの処理は今後も続いていくことが分かった。子どもたちは「ゴミを減らそう」という意識をもった。そこで，驚異のリサイクル率を誇る徳島県上勝町の事例を学ぶ。授業の流れを以下に詳しく示す。

主な学習活動と内容（○）　子どもの反応（・）	指導上の留意点
1　前時の学習をもとに学習問題をつくる。 ○前時に学んだ埋め立て処分場見学で見つけた問題点から，ゴミを削減するにはどうしたらいいか課題をつくる。 ・ゴミの埋め立て処分場は残り50年だそうだ。 ・ゴミの間を水が通るとその水が汚染されて浸出水となる。浸出水が出なくなるには10年近くかかる。 ・ゴミを埋め立てた上は，不安定で公園くらいにしか土地利用ができない。 ・ゴミを減らさないとたくさんの問題がある。	○前時までの子どもの認識で，埋め立て処分場見学で見つけた浸出水や用地の再利用問題は，残り期限と同じくらい大きな問題であるとしている。 ○見学したことを想起させる。
ゴミを減らすには，どうしたらいいのだろうか？	

II章　深い学びが生まれる社会科授業

2　課題について自分の考えを発表する。

・3R をしっかり行う必要がある。

・リサイクル率は全国平均18 %。東京でも23 %。

・リサイクルより，リユース，リデュースの方が　　　○3R の順序にも気を配らせる。
　大切だ。そういうのをもっとやった方がいい。　　　○資料を持っている子どもがい

・もっと具体的にはどうしたらいいのか　　　　　　　　たら，その資料を使う。

・実は，これ以上できないんじゃないか。

3　リサイクル率 77 %の自治体があることを知
　り，どうしてできるのか予想する。

○自治体のリサイクル率の比較表をじっくり見る。　　○代表的な都市のリサイクル率

・だいたい 20 %だね。　　　　　　　　　　　　　　　と日本のリサイクル率の中に，

・待って。77 %の自治体があるよ。　　　　　　　　　上勝町を入れる。

・いったいどうやって 77 %なんてできるのかな。　　○具体的な取り組みを考えるが，

　　　　　　　　　　　　　　　　　　　　　　　　　　住民の生の声は知らないので，

　　　　　　　　　　　　　　　　　　　　　　　　　　今回の学習で深めていく。

┌───┐
│　　　どうして，リサイクル率 77 %もできるのか？　　　│
└───┘

・東京は 4 種類だけど，分別種類が多いんじゃな
　いか。

・罰則があるんじゃないか。

・地図で見たら，山の中だよ。埋め立てる場所が
　ないからじゃないのかな。

4　上勝町の取り組みを知り，東京に生かせるか
　考える。

○普通のまちにはある三つのものが上勝町にはな　　　┌─────────────────────┐
　い。　　　　　　　　　　　　　　　　　　　　　　　│スライドの構成　　　　　　│

・収集場所，焼却場，埋め立て処分場がないんだ。　　│① 上勝町のまちの様子　　│

・51 分別もしているんだ。　　　　　　　　　　　　　│・ゴミ収集がない　　　　　│

・ゴミステーションに市民が持ち込むんだ。　　　　　│・焼却場がない　　　　　　│

・リユースにも積極的だね。　　　　　　　　　　　　│・埋め立て処分場がない　　│

・すごいな。見習わないと。　　　　　　　　　　　　│② あるのはゴミステーシ　│

・でも面倒くさくないのか。　　　　　　　　　　　　│　ョン（工夫）　　　　　　│

○表示の工夫と生ゴミの工夫を知る。　　　　　　　　└─────────────────────┘

53

5 東京でゴミを減らすのに上勝町の取り組みは役立つか意見をまとまる。	○スライドを見ながら，その取り組みのすばらしさを感じながらも，東京で行うことの困難さや面倒くさいという自分自身の本当の気持ちも大切にさせる。
上勝町の取り組みは東京のゴミ削減に有効か？	

○子どもの感想

・上勝町は本当に「混ぜればゴミ，分ければ資源」ということに取り組んでいることが分かった。私はゴミを減らせると思う。

・上勝町だからできると思うけど，東京だったら人口も多いし，もう清掃工場があるから，過去には戻れない。たった4分別でもできないんだから，51なんてそんなにたくさん無理無理。

・僕は生かせると思う。なぜかというと，東京は人口が多いから生ゴミがたくさん出てしまうけど，くるくるショップなどでリユースすれば普通にできる。例えば，協力してくれる人が少ないとしても，少しずつやっていけば増えてくると思う。

　子どもたちは，ゴミを減らすために上勝町の事例を学んだ。51分別やくるくるショップ，住民による持ち込みなど，東京にはない手立てで驚いたが，「本当にできるのか？」という疑問も少なくない。そこで，上勝町の事例が東京のゴミ削減に生かせるのか考えていくことにした。

⑷　まとめ～東京のゴミを減らすためにできること～

①　ゴミの有料化とゼロ・ウェイスト

　高度な処理技術で体積を減らすとともに，広く行われているゴミ削減の方法は，「ゴミ処理の有料化」である。78.8％の自治体が行っているのだが，東京23区は導入していない。例えば八王子市では有料袋がスーパーなどで販売されている。1袋で40円から90円の価格で販売されている自治体が多い。

Ⅱ章 深い学びが生まれる社会科授業

　有料化を行うと，その年は前年に比べて，多い自治体では30％くらいの減量が見られる。また，ここで得られた費用はゴミ焼却の予算の確保につながる。
　子どもたちに，ゴミ袋の有料化と上勝町のゼロ・ウェイストとのどちらが有効なのか意見を述べてもらった。

> ゴミの有料化とゼロ・ウェイストのどちらが生かせる？

　どちらの方法もゴミを減らすためには有効な手立てである。子どもたちに選択・判断を行わせる。

有料化が生かせる。	ゼロ・ウェイストが生かせる。
・51分別のような無理がない。 ・できたお金で焼却施設も整備できる。 ・ポイ捨てすることに罰金を科すなどすればさら減る。 **生活を変えることなく無理がない**	・協力すればできる。 ・日常生活が変わる。 ・ゴミになるはずだった品物もくるくるショップで使えるものになる。 **ゴミを減らすことができる**

　子どもたちが意見を出し終えたところで，下の資料を見せる。

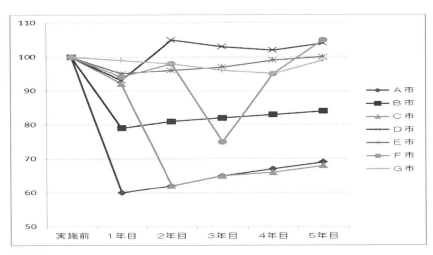

ゴミの有料化を実施した自治体について，実施前年のゴミの量を100とした場合に，1年目から5年目までの推移を表したものである。
　子どもたちは，
「増えているじゃないか」
「1年目は減るけど，だんだん増えてきてしまう」
「お金を払うことに慣れてくるのかな」
と意見を述べる。
　次に下のグラフを見せる。

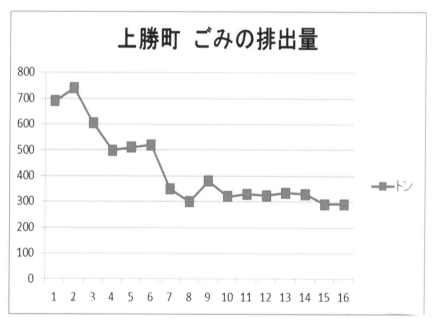

これは，上勝町の平成元年からのゴミの排出量の推移を表したグラフである。
「上勝町は，増えるときもあるけど，だんだん減っている」
「着実に減らしている」
「どうしてかなあ」
という声があがる。
　上勝町が着実にゴミを減らしているには理由がある。

Ⅱ章　深い学びが生まれる社会科授業

　上勝町ではゴミの回収を行っていないため，町民は「日比ヶ谷ごみステーション」に自分でゴミを持っていき，そこで51種類に分別している。
　分別の看板には大きな秘密がある。

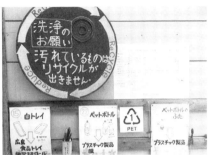

分別する看板を拡大すると……。

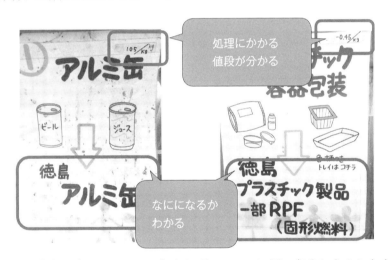

処理にかかる値段が分かる

なにになるかわかる

　右上の値段の表示は，アルミ缶ならば1kgで105円の収入になることを意味している。逆にプラスチック容器だと1kgあたり0.45円の処理費用がかかることが分かる。51種類に記されているので，町民はどのようなものがリサイクル品として町の収入になるのかを熟知している。
　次に下に示されたものは，リサイクルされると何になるかを表している。アルミ缶ならばアルミとして再び利用されるが，プラスチック容器はプラスチッ

57

クか固形燃料になり，元の姿には戻らない。元のものに戻らないことをダウンリサイクルという。町民は，リサイクルとダウンリサイクルについても理解している。

　価格とリサイクルされてできるものを知ることで，購入するときに，何を購入したら町の収入になるか，環境への負荷が少ないかを考えることができるようになる。これは3Rの「リデュース」「リユース」「リサイクル」のうち，「リデュース」への取り組みとなる。リデュースは，環境にやさしい生活を行うことである。消費活動そのものを見直すことである。

　上勝町が着実にゴミを減らしていける秘密の一つは，上勝町の取り組むゼロ・ウェイストが，生活そのものを変えるリデュースを行っていることである。これは，ゴミの有料化では得られない効果である。

　そして，最後に上勝町のゼロ・ウェイストを推進するゼロ・ウェイストアカデミーの方の取材記事を読み合い，上勝町の取り組みの効果をまとめた。

　②　子どもの感想Ⅰ

・上勝町はみんなで決めて，みんなで行い，ゼロ・ウェイストを実現させようとするところがいいと思いました。東京で有料化するということは，偉い人がむりやり強制的にやらせるということだから，やる気というか，協力しようとは思えない。それに比べて，上勝町はリサイクル→リユース→リデュースとみんなのやる気を引き出すような方法でとてもいいと思う。

・上勝町はみんなでゴミを通して，仲間との交流，団結力があってこそ，ゴミを減らすことができたんだと思います。有料化だと，みんな意味を分からないまま出している。この差がゴミの量に関係している。

　③　くるくるショップ体験

　上勝町の取り組みを学んだ子どもたちは，ゴミを減らすには，リデュースを行うことが大切だと考えるようになった。そこで，上勝町の「日比ヶ谷ごみステーション」にもある「くるくるショップ」を学級で開くことにした。「くるくるショップ」は，不要なものを持ち込み展示しておき，展示されているものの中から必要なものがあったら別の人が持っていくという取り組みである。

58

Ⅱ章　深い学びが生まれる社会科授業

２０１６年７月２１日（木）１０：１５

特定非営利活動法人

ゼロ・ウェイストアカデミー

理事長　坂野　晶さん

○どうして、上勝町は５１分別を始めたのですか。

　昭和４０年代の地方はどこも同じだったと思いますがゴミは穴を掘って埋めたり、焼いたりして処理していました。上勝町の場合も今のごみステーションの場所に深さ１５ｍくらいの大きな穴があって、そこに住民がごみを持ってきてためて、年に１回火をつけて焼いていました。これを野焼きと言います。しかし、法律も世間も変わってきて、危険な野焼きができなくなってきました。そこで、平成１０年に小型の焼却炉を作ったのですが、ダイオキシン問題でわずか２年後に使えなくなってしまいます。小さな村（人口２０００人　四国で一番小さい町）で予算がたくさんあるわけではありませんから、ごみの処理に困ってしまったのです。そこで、仕方なく、分別をしてゴミを減らそうと町民で決めました。今では有名になった「日比ヶ谷ごみステーション」も市の施設のいらない部分を改造しての手作りです。リユースですね。

　２００１年に３５分別で始めました。収集車もない、焼却場もない、埋め立て処分場もない。たった一か所のごみステーションにまちの人が持ってくる形で始めました。２００４年に「ゼロ・ウェイスト宣言」をしました。その後ごみステーションに来ることのできないお年寄りなどのために月２回の回収もはじめ、現在は７７％の資源化率を達成しています。生ごみが０のことを入れると８５％以上の資源化率とも言われています。

○「ゼロ・ウェイスト」導入後に住民意識の変化はありますか。

　「ゼロ・ウェイスト」という意味は、ごみをゼロにしようという意味もあるのですが、ウェイストは「無駄や浪費をなく」という意味があります。だから、自分の生活を見直し、無駄や浪費のない生活をしようという取り組みでもあります。不満を持つ人もいましたが、みんなで話し合って決めたことですから、だんだん理解する人が増えました。ごみステーションでしっかり洗っていない缶を持ってきた人に他の町民が「もっとしっかり洗わないとリサイクルできないよ。」とこえをかけていました。だから、「ゼロ・ウェイスト」宣言後は、町はきれいになったと思います。道にごみが捨てられることがなくなりました。町外からいらっしゃる方も、上勝はそういう町だとわかっているので捨てていきません。上勝町には２０２０年のゴミを０にしようという目標があります。だから、毎年少しずつごみは減っています。みんなで、きれいに洗って高いお金でリサイクルしてもらおうという気持ちが強いと思います。とても協力的ですよ。リサイクルへの意識は高くなりました。

○さっき一緒に食事をしたおばあちゃんは、ごみステーションにゴミだしに行くときに、たまたま近所の人と会って、一緒に車で来て、そのまま食事をしに来たと言っていました。

　そういうこともあります。ごみステーションはごみを出す場所としてだけではなく、交流の場でもあるんです。ごみを通じての会話や交流も生まれます。だから、ごみステーションには「くるくるショップ」も併設しています。くるくるショップはリユース促進の場で、町民なら自由にモノを置いていって、持って帰ることもできます。そのやり取りは毎年１０トン程度です。リユースで１０トンのゴミを削減していると言えます。

○リユースも積極的に行っているんですね。

　先生もご存じのように３Ｒには順序があります。重要な順番から①リデュース②リユース③リサイクルです。でも、いきなり「生活を見直すリデュース」はできないのです。はじめるにはリサイクルからです。リサイクルしてみると、「分けるのが大変だな。」と感じます。私たちの生活が無駄なものにあふれていることに気づいていきます。すると、物を大切にしようとリユースを始め、物を買う時にも、「この容器や包装は無駄だな」と、ごみの少ない買い物をするようになります。リユースすることで、自然に、むだのない生活の良さに気づいていきます。リサイクルからリユースへ、そしてリデュースへとなっていきます。生活が変わっていくのですからゴミはだんだん減っていきますよね。それに、「自分の環境によい生活をしている！」となれば、心地よく感じることもできます。

　この様に「ゼロ・ウェイスト」はごみを減らす取り組みだけではありません。ごみを０にすることに加えて、無駄な生活をしないという人づくり、そして仲間や地域づくりをしているのです。

○これからの目標は何ですか。

　上勝町では、２０２０年に完全にごみを０にしようとみんなで取り組んでいます。実現に向けて一歩ずつ進んでいますが、課題もあります。現在では技術的にリサイクルできない物もあるんです。例えば紙おむつや使用後のティッシュペーパーなどです。だから、現実的に０を実現するのは難しい。それでも、家庭だけでなく、上勝町のレストランでは「ゼロ・ウェイスト」に取り組んでもらうと「このお店はゼロ・ウェイストに取り組むお店ですよ。」と認証を行っています。そういう仲間を増やして、焼却に頼らないまちを作っていけたらと思っています。

上勝町の取り組みにひかれて、
まちにあるレストランで働く安喜さんと漆川さん

　０に向けて取り組む過程そのものが、「人づくり、仲間づくり」になり、いつか「ごみ０」になるのだと思います。

Ⅱ章　深い学びが生まれる社会科授業

各家庭から持ってきた不用品の重量を測ろう。

集計すると24kgほどになったよ。この24kgの品物はいずれゴミになるものだったんだ。

班ごとにお店風に並べて、必要なものを持っていってもらおう。

> すべてのものが交換されたから，24kgのゴミが削減されたということだね。よかった。
> でも，持っていったものは本当に必要なものだったのかな？

　家庭の不用品を持ち寄り，必要なものを持ち帰る。なんと24kgものやり取りに成功した。さらに，実際にやってみて，①子どもたちは身の回りにたくさんの不要なものがあること，②逆に持って帰るときには不要なものを持って帰ってしまうという矛盾にも気づいた。活動してみて初めて分かることだった。日ごろから心掛けていかなくてはゴミは削減できないことやリデュースの大切さを実感した。

Ⅱ章　深い学びが生まれる社会科授業

　さらに，学級の一人の子どもが学区の公園で開かれたフリーマーケットに応募し参加した。家庭で話し合って参加を決めたそうだ。多くの人とのやり取りを通して家庭の不用品を別の家庭の有用な品物に変える喜びを味わったようだ。フリマを明日に控えた教室の掲示板にその子どもの手書きのポスターがあった。「はじめてのフリーマーケット出店！遊びに来てネ！」主体的な社会参画の芽生えが見られる。

　④　子どもの感想Ⅱ

・僕は消しゴムをたくさん使うから，消しゴムが足りなくなって困っていた。しかし，くるくるショップを開いたおかげで，消しゴムがたくさんもらえてうれしかった。そして，驚いたのは24kgのものがくるくるできたことだ。僕は400gしか持ってきていないのに，クラス40人がいろいろなものを持ってきたから24kgものやりとりができたのだと思う。僕一人だとたいしたことはないけど全員が協力して持ってくると24kgものやりとりができることが分かった。ことわざで言うと「塵も積もれば山となる」だ。小さいことでも繰り返せば，大きなことになる。僕たちのくるくるショップは世界から見るととても小さい取り組みだ。けれど，この取り組みを他のクラスに広げ，都内に広げ，日本やゴミに悩む世界の国に広げればと思う。僕は最初24kgもいかないと思っていた。けれど，みんなでできると信じてやった結果，大成功した。だから世界に広がると信じて，どんどん伝えていきたい。

・部屋の掃除をしたときに，使わなくなったものや不要なものは，これまで平気で捨ててしまっていた。本屋カードはブックオフなどに持ち込んでリユースしていました。いまよく考えてみると，捨ててしまっているものも，どうしても必要なものだったのかが疑問です。くるくるショップでやり取りされた物はなんと24kg。こんなに多く，僕も含め，みんな不要なものを買ったり，持っていたりしたんだなあ。ということに驚きました。この後，くるくるショップに出ているものを選んで持ち帰るとき，これは本当に必要なものかな？ということを自然に考えられていました。このことから，物を買うときにも，本当に必要なのかをきちんと考えることの大切さに気付けました。ゴ

63

ミを減らすためには，くるくるショップのようなリユースは確かに効果的です。しかし，そもそも「ゴミになるもの」は最初から買わないことが大切だと思いました。

■**本単元での「多角的」なものの見方，選択・判断する力の育成**

　廃棄物の処理には，東京のような高度な焼却施設を用いた埋め立て処理や多くの自治体で行っている有料化などで，廃棄物の量を減らし，持続可能な廃棄物処理を模索している。その中でも，徳島県上勝町のゼロ・ウェイストという取り組みは，徹底的な分別を行うとともに，町民の生活意識の変化を目指している。リデュースの具体的実践である。子どもたちは，それぞれの成果と課題を踏まえながらも，リデュースを行うことの大切さを実感することができた。自分たちができることを行うときにも，上勝町で行われていた「くるくるショップ」を行うことにした事実を見ても，主体的な選択・判断が行われたと考えている。

　また，「くるくるショップ」を行う中で，不要なものを持っていったつもりが，家に帰って冷静に考えたり，親の指摘を受けたりして，不要なものをまた持って帰ってきたことを自覚したとき，子どもたちは，廃棄物がなかなか減らない人の心についても考えを巡らせていた。

Ⅱ章　深い学びが生まれる社会科授業

3

私たちの東京都（住んでいる都道府県の特色ある地域）①

～東京土産は何にする?～

1　新しい学習指導要領と「特色ある地域」の授業

⑴　授業構成のイメージ

　住んでいる都道府県の特色ある地域の学習の内容を，新しい学習指導要領では次のように記している。

知識及び技能について

・県内の特色ある地域では，人々が協力し，特色あるまちづくりや観光などの産業の発展に努めていることを理解すること。

思考力，判断力，表現力等について

・特色ある地域の位置や自然環境，人々の活動や産業の歴史的背景，人々の協力関係などに着目して，地域の様子を捉え，それらの特色を考え，表現すること。

（下線部筆者）

　これまでの学習指導要領と同じように，住んでいる県内の中でも，特色ある地域をいくつか取り上げて学習することになる。しかし，新しい学習指導要領では，下線部に見られるような，「まちづくり」「観光」「産業の歴史的背景」などの内容が具体的に記されている。

　東京都への一極集中や過疎化が顕在化している今日，新しい学習指導要領に記された内容は，単純に地域の特色を学ぶだけでなく，「まちづくり」「観光」「産業の歴史的背景」を視点としながら見ることで，将来の主権者になる子どもた

65

ちにとって有意な学習になると考える。これらの視点を意識して地域の特色を理解する授業を行っていきたい。

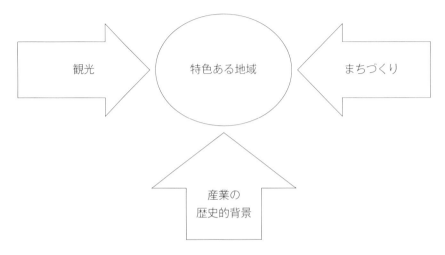

(2) 社会的なものの見方・考え方

このように，県内の特色ある地域を学習するにあたって，「観光」「まちづくり」「産業の歴史的背景」は内容であるとともに，「特色ある地域」を見つめるための視点にもなりうる。

新しい学習指導要領では，社会科の目標の冒頭に，「社会的な見方・考え方を働かせ，課題を追究したり解決したりする活動を通して……」とある。問題を解決する過程において，「社会的な見方・考え方」を発揮する授業を行うとともに，子どもたちに「社会的な見方・考え方」を育成していかなくてはならない。

では，「社会的な見方・考え方」とはどのようなものだろうか。学習指導要領解説の記述を挙げる。

○社会的事象の意味や意義，特色や相互の関係を考察したり，社会に見られる課題を把握して，その解決に向けて構想したりする際の「視点や方法（考え方）」であると考えられる。そして，「社会的な見方・考え方を

Ⅱ章　深い学びが生まれる社会科授業

働かせ」るとは，そうした「視点や方法（考え方）」を用いて課題を追究したり解決したりする学びを表すとともに，これを用いることにより児童生徒の「社会的な見方・考え方」が鍛えられていることを併せて表現している。
○小学校社会科においては，「社会的事象の見方・考え方」を働かせ，学ぶことを重視する必要がある。
○「社会的事象の見方・考え方」は，<u>位置や空間的な広がり，時期や時間の経過，事象や人々の相互関係などに着目して（視点）</u>，社会的事象を捉え，<u>比較・分類したり総合したり，地域の人々や国民の生活と関連付けたりすること（方法）</u>
（下線部筆者）

これを読むと，県内の特色ある地域の学習は，社会的な見方・考え方を発揮して問題を解決するとともに，社会的な見方・考え方を育成するためにふさわしい単元といえる。
　それを私なりに図示すると以下のようになる。

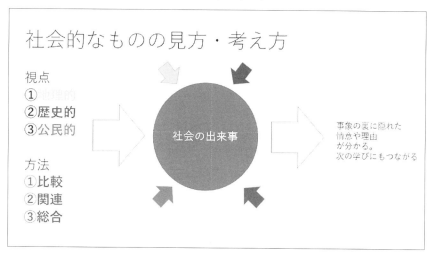

(3)　お土産を通して，地域の特色を見つける
　「特色」とは「ほかのものとくらべて，とくにちがっているところ。また，

とくにすぐれているところ」(『くもんの学習小学国語辞典』くもん出版)。

　特色は、絶対的なものではなく、ほかのものとくらべることで浮かび上がってくるものではないだろうか。だから、子どもたちが県内の様子を概観することや比較することができなければ特色は浮かび上がってこない。教師の側から、「今日は〇〇の地域を学びます」ということでは、子どもたちにとって問題意識が薄くなってしまうばかりか、学び終わったあとで、その地域がはたして特色ある地域だったのかも理解できないのではないだろうか。

　そこで、私は特色ある地域の学習に入る前に、住んでいる県の概観と特色を明らかにする学習を取り入れる必要があると考えている。これまでも、白地図に地形や産業を記入するような学習が行われていたが、子どもたちの主体的な学習が生まれるようにさらに工夫を加えたい。

　そのための教材が「お土産」である。

　お土産物は、訪問する際に感謝や礼儀のあかしとして品物を贈る場合や、旅先から帰ってくる際に、近所の知人や縁者にその土地にちなんだ品物を贈るものである。このような相手に渡すことを目的とするお土産は日本特有の文化という説がある。例えば、お土産を英訳すれば「スーベニア」になるのだろう。しかし「スーベニア」は日本のお土産とは意味合いが異なり、知人に配るのが目的ではなく、旅をした本人の記念として購入することがほとんどだという。西洋の観光地にはキーホルダーや置物、マグネットのワゴンなどがあり商売として成り立っているそうだが、そのほとんどが非食品であるという。一方、日本の場合は食品を購入して配ることが圧倒的に多い。自分で食べることはまれで、知人に配り歩くことが主目的になる。そのため、お土産菓子にはその土地の歴史や文化、風土を含有したものが多い。なぜかというと、配り歩いた際の会話の中で、そのお土産をきっかけに自分が旅した地域の風土の話題に触れることができるなど、会話を豊かにする効果があるからだ。「土産話」という言葉があることからも、日本のお土産はコミュニケーションの方法と密接に関係している。このように、日本のお土産菓子は、コミュニケーションの手段としての機能があり、その機能上、土地の歴史や特徴を多分に含んでいるものが

多いのである。どのお土産がふさわしいかを考えることは，その土地の歴史や産業，風土などを見つめることにつながる。お土産を見るとその土地の特徴を想像することができる。

今回は「東京から田舎へ行く際のお土産として何がふさわしいか」を考える。東京土産は多種多様で何を取り上げるかは迷うところだが，子どもに購入体験や話し合いをさせた後で，人形焼を取り上げる。人形焼は日本橋人形町で演劇鑑賞の際などに食されたのが始まりだという。芸事は縁起（演技）を気にするので七福神などめでたいモチーフが多い。その後大正時代に入ると，人形町で修業をした職人が浅草で商売を始めたという。浅草の人形焼は浅草寺や五重塔，雷門などの浅草名所をモチーフにしてヒットしたという。太平洋戦争時には戦車や飛行機の人形焼も売り出されたという歴史も有する。人形町一古いとされる「板倉屋」のCさんは「うちの方針はぶれません。このままを守り続けることです」とおっしゃっている。このように人形焼は，土地の文化や歴史を映すなどお土産としての成り立ちは明確である。

一方で近年，東京土産を見渡すと，味に重きを置いて地域の特色や由来が反映されていない商品も多い。最新の技術を使って工夫された味わいと「東京○○」という商品名をつけることで，お土産としての価値や人気を高めている。実際に子どもたちが，東京駅から購入してきたお土産の多くはこうした新しいお土産である。人形焼を購入したい子どもはわずか1名である。そこで，全国で人気のあるお土産を学習する。うなぎパイ，鳩サブレー，萩の月，信玄餅を調べて人気の理由を考える。すると，長く続いているお土産は，その土地の特

徴や歴史的な由来があることに気づく。改めて，お土産の意味を考え知人とつながるというお土産の役割を考える。再度東京土産として何がふさわしいのか，子どもたちが判断していく。おそらく，人形焼を調べ，全国の名産お菓子を調べると，お土産の見方・考え方が大きく変容するだろう。

　お土産物には地域の特徴や歴史が反映されていることを学んだ後，再度新しいタイプのお土産として「東京ばな奈」を取り上げ，じっくり調べる。「東京ばな奈」は現在東京駅をはじめスカイツリーや成田空港でも販売され，トップの売り上げ年間120億円を維持している。徹底した味への追究と300万個に1個のミスもない生産体制，人の手よりも優しく扱えるロボット，生菓子なのに10日間の消費期限を維持する徹底した管理など，最新の技術を惜しみなく投じ，日々進化を重ねている。伝統を守る取り組みに負けない開発への情意がある。しかし，どうして東京なのに「バナナ」なのだろうか？　それは，日本産の果物だと東京以外の地域を想像してしまうからだという。リンゴなら青森，ミカンなら愛媛という具合に，農業の盛んでない東京銘菓を作るとき，その食材をあえて外国産に求めたのだ。様々な出身地の人が住む東京，文化の発信地東京。それを考えたときに，最新の技術を用い，味に特化したお土産もまた現在の東京土産としてふさわしいと考える。グレープストーン部長Bさんは「東京ばな奈でいいか」とつぶやいて買い求めたサラリーマンを見たとき，「ようやくスタンダードになれた。これがスタートラインだと思った」と話してくださった。子どもたちは，人形焼と東京ばな奈から，東京がもつ文化や特色を考えることができるだろう。

Ⅱ章　深い学びが生まれる社会科授業

　最後に，同じ東京でも小笠原や檜原村ではどのようなお土産があるのかを予想したり，どのようなお土産がふさわしいかを考えたりして，地域の特徴を調べる手立てとする。お土産をきっかけに，地域の特徴を考察する，見方・考え方を身につけることをねらいとしている。

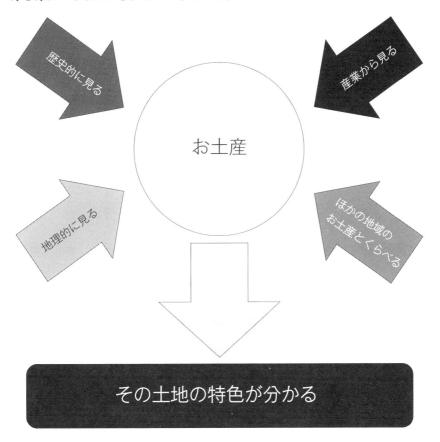

2　単元のねらい

　お土産としてふさわしいものはどのようなものかを判断することで，お土産を贈ることの意味を考えるとともに，お土産にはその土地の特徴や歴史，由来が含まれていることに気づき，お土産から地域の特徴を考えることができるな

ど，社会的なものの見方・考え方を育てる。

3　指導計画（8時間）

第一次　問題づくり
　① 東京土産としてふさわしいのは何か？
　② お土産って何だろう？
第二次　追究①　人形焼は東京土産にふさわしい？
　③ 人形焼の見学
　④ 人形焼きはふさわしいか
第三次　追究②　一番売れている東京ばな奈
　⑤ 東京ばな奈のこだわり
　⑥ 東京ばな奈はふさわしいか
第四次　まとめ　全国の有名なお土産に共通しているものは？
　⑦ 全国のお土産の特徴
　⑧ 東京の特色

○学習過程

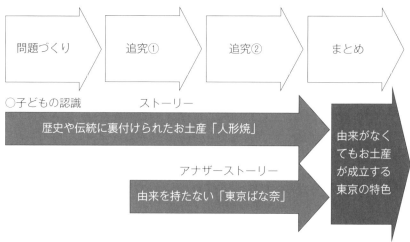

4 授業の実際

(1) 問題づくりの場面

　導入では，東京駅でのお土産購入体験を行った。東京駅には様々な東京土産が売られている。一人ひとりが好きなお土産を購入し，教室で紹介し合う。
「東京駅限定と書いてあったのでこれに決めました」
「東京駅の赤レンガをイメージしているのでこれにしました」
「チョコレートが好きなのでこれに決めました」
など，選んだ理由を話し合い，楽しい時間になった。この段階では，子どもたちの認識は「好み」「限定」という視点で選んでいることが分かる。

　① 子どもたちの感想Ⅰ

・東京土産といってもたくさん種類があった。そして，どこにでも売っているようなものではなく，商品ごとに工夫がされていた。例えば東京駅の形をしているとか。

- 自分が選んだサブレを食べてみるとめちゃくちゃ甘かった。でもおばあちゃんたちが食べても、きっと喜んでくれると思った。ほかの子のお土産もおいしい。限定品を買っている人が多かった。やっぱりと思った。
- 「東京でしか買えないよ」ということをアピールしました。けれども、どこで作られているか見ると、愛知や兵庫などの他の県ばかりでした。なので、最終的に東京名物ってあるのかな？と思ってしまいました。

次の時間は、私から子どもたちに青森土産をプレゼントすることから始めた。クラスの子どもたちのアレルギーを調べたうえで、東京のスーパーやコンビニでも売られているチョコレートクッキーを提示すると、子どもたちから不満が噴き出す。

「そんなのどこでも売っているよ」
「青森に行かなくても買えるよ」
　そこで、
「じゃあ、どんなものだったらよかったの？」
と問う。
　子どもたちは答えて、
「青森だったら、リンゴ、ニンニク、大間のマグロ、ねぶた……などあるでしょ。そういうものがいいと思います」
「せめて、青森限定と書かれているものとか」
「リンゴ味のチョコならセーフ」
と言う。
　そこで、
「では、お土産とは何ですか？」

と考えを深める発問をする。

　子どもたちは国語辞典で「土産」を引く。意味は，「旅先から持って帰るその土地の産物，名物」と書かれている。

「その土地の産物と書いてあるから，チョコレートクッキーは違うよね」

　そして，東京駅で選んだ経験を生かして，学級の「お土産の心得」を考えていく。私のクラスでは，

お土産の心得

① 　その土地限定のもの

② 　相手を自分が行った時の気持ちにさせるもの

③ 　自分が行ったところの風情を感じさせるもの

④ 　その土地をアピールするもの

⑤ 　その土地のおいしさ

⑥ 　行ったところの楽しみを伝えるもの

となった。出来上がった心得では，私が買ってきた青森土産のチョコレートクッキーは①～⑥のすべてに当てはまらないという。

　そこで，

「みんなが買ってきた東京土産はお土産の心得に当てはまりますか」

と発問し，自分たちが購入した東京土産を振り返ることにした。

　すると，多くの条件をクリアできるのだが，東京土産は⑤が難しいという。どうしても東京名産の農産物はない。すると，

「材料じゃなくて，職人技もその土地のおいしさと言えるんじゃないか」

という発言が出てきた。子どもたちは大いに納得している。

　すると，「先生。人形焼は全部当てはまっているよ」という声があがる。

　なるほど，当てはまっていると全員が納得しかけている。そこで「人形焼が完璧な東京土産なのか」次回は見学することにして授業を閉じた。

75

② 子どもたちの感想Ⅱ
・東京は野菜・果物を作っているかもしれないがスーパーではあまり扱っていないから，東京の味の良いところは職人の作った人形焼などがいいのかもしれない。

(2) 追究①～東京の伝統が詰まった人形焼～

　日本で一番古いといわれる人形焼板倉屋の見学を行った。作業を見せてもらい，説明を受け，質問に答えてもらった。Cさん親子は3代目，4代目になる。いつも笑顔できっぷがよく，江戸っ子とはこういう人を言うのだなと思う。通りがかった人も挨拶をしに来るくらい近所づきあい，なじみがすごい。対面販売のみにこだわるのは，お客様と接していたいから，お客様の声を聴きたいから，お店とお客様の一体感が大切という考えによる。子どもたちは「本当にみんなお客が笑顔になって帰っていく」と驚く。Cさんと接している子どもたちも笑顔になっている。

　戦時中は金型を回収されそうになったのを命がけで守ったこだわりの店であるが，お客に対しては極めて優しく友好的。子どもたちもこのお店の魅力と人形焼のおいしさに魅せられていた。

○子どもの日記から
・人形焼屋の板倉屋さんに見学に行きました。人形焼は，人形町で作られた東京土産の代表的選手のような和菓子です。現在，人形焼専門店は日本に3軒しかなく，板倉屋さんはその中で一番古いお店です。そして，1日に最高3000個もの人形焼を作るそうです。僕は1日に3000個も作るなんて，広い場所にたくさんの人が働いている工場だろうと想像していました。しかし，実際に行ってみると，想像とは全く違う光景があり驚きました。お店と工房

Ⅱ章　深い学びが生まれる社会科授業

を合わせても音楽室の半分くらいの大きさしかありません。

　中を見ると売る場所の横に小さな工房がありました。しかも，機械は一切使わず，すべて人の手でやっています。僕は小さな人形焼きを一つ一つ手作りするのは大変だなあと思いました。僕はおいしい人形焼を作るためには？と質問しました。そうしたら，「職人さんの愛情が大切だよ」と３代目のＣさんが教えてくれました。確かに機械で作ったものよりも心がこもっていていいなあと思いました。

　そして，３代目のＣさんはこんなことも教えてくれました。「第２次世界大戦のとき，鉄は大きな武器を作るために回収されてしまったけど，私のおじいさんが，人形焼の伝統を切らさないために，型を隠して守ってくださったんだよ。それから，今はあんこ入りとあんこぬきがあるけれど，戦争中は豆がなかったので，あんこぬきを作ったんだよ」僕はそこまでして，人形焼を守るなんてすごい人たちだなと思いました。

　人形焼はこんなにたくさんの人の苦労があるんだなあと思い，家に帰ってお土産の人形焼を食べながらお父さんやお母さんにこのことを話しました。すると，「だからあんこぬきは『戦時焼き』というんだね。そういう話を聞きながら食べるとさらにおいしく感じるね」といっていました。

　今度いとこやおじいちゃんに持っていくお土産は人形焼にして，このことを教えてあげたいです。そうしたら，食べるときに，その歴史や伝統を感じて，おいしく食べてもらえると思います。

・七福神の顔をした和菓子だから人形焼だと思っていたら，実は町の名前に由来するもので，まず驚いた。そして，その和菓子はこだわりの道具を使いな

77

がら職人さんが一つ一つ丁寧に手作りしていてすごいと思った。こんな人形焼を通して店のことや町の歴史や様子まで分かった。だから，人形焼は東京土産にふさわしいと僕は思う。

　さらに七福神の顔をした人形焼は，もらった人の気分もほっこりさせるに違いないと思う。町の風情を感じさせ，しかも，人を楽しませる気分にさせる人形焼は「最高の東京土産」だと感じられる。

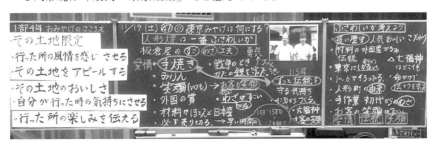

(3) 追究②～一番売れている東京ばな奈～

① 東京ばな奈のこだわり

主な学習活動と内容（○）子どもの反応（・）	指導上の留意点
1　学習問題をつくる。 ○1部4年のお土産基準を振り返る。 　①　その土地限定のもの 　②　相手を自分が行った時の気持ちにさせるもの 　③　自分が行ったところの風情を感じさせるもの 　④　その土地をアピールするもの 　⑤　その土地のおいしさ 　⑥　行ったところの楽しみを伝えるもの ○人形焼はどうだったか考えよう。	○前時までの子どもの認識を振り返り，お土産物の見方や考え方を確認する。
人形焼は，東京土産として一番ふさわしいといえるか？	
2　見学を振り返る。 ・110年の長い歴史がある。 ・日本橋七福神の由来がある。 ・戦争のときは，戦車や武器の型も作られた。	○見学して見つけた「わざ・すごさ・工夫・感動」をまとめていく。

・一つ一つ手焼きだ。 ・重い金型を使っている。 ・この店でしか買えない。ほかでは売っていない。 ・ずっと変えないで，続けてきてすごい。 3　お土産としてふさわしいか検討する。 ・ふさわしいと思う。 ・僕たちの考えた基準にすべて当てはまる。 ・それに加えて，歴史や手焼きもある。 ○マンゴー味のコアラのマーチとどっちがふさわしい？ ・歴史がある。 ・手作りのすごさ。	○手焼きや歴史といった，1部4年の考えていたお土産の基準にはない新しい価値に気づかせていく。 ○マンゴー味のコアラのマーチは，子どもたちの間で賛否が分かれた。それを生かして，人形焼にある，歴史や手作りといった要素について話し合う。
4　基準はこのままでいいか検討する。 ・歴史や伝統を入れたほうがいいんじゃないか。 ・手作りも入れたらいいと思う。 5　新たな事実を知る。 ・1位は東京ばな奈だ。 ・売り上げがすごい。 ・おいしい。	○データとしても圧倒する人気を示す。

> 東京ばな奈は東京土産としてふさわしくないのか？

　人形焼こそが東京土産としてふさわしいと考えていた子どもたちに，実際に東京駅で一番売れているお土産物を示す。東京ばな奈である。

　東京ばな奈は各種雑誌や新聞の東京土産に関するアンケートでの評判で必ず上位に顔を出し，1日あたりの販売数は約360000個，売価で約48000000円と人形焼の板倉屋さんの1日平均1500個を大きく上回る。

　スライドで，アンケート結果や販売個数を示した後，子どもたちに，
「このお土産は何だろう？」
と問うが，

「分からないなあ」
「雷おこし？」
などと言う。
　そこで、正解のスライドを見せる。

子どもたちは「そうか。東京ばな奈か」と驚く。
立て続けに次のスライドを見せる。

すると，

　子どもたちは大騒ぎになる。自分たちが考えるお土産の心得とはまるで違う商品が人気だったからである。

　子どもたちは，自分たちの考えたお土産の心得に東京ばな奈を照らし合わせた。

お土産の心得

① その土地限定のもの
② 相手を自分が行った時の気持ちにさせるもの
③ 自分が行ったところの風情を感じさせるもの
④ その土地をアピールするもの
⑤ その土地のおいしさ
⑥ 行ったところの楽しみを伝えるもの

「①は当てはまると思います」
「⑥はやや当てはまる」
「②③④⑤は当てはまらないと思う」

②　子どもの感想

・私は，東京ばな奈はお土産としてふさわしくないと思う。理由は，バナナは東京の名物ではないからだ。1部4年で考えたお土産の条件に入っていた「風情を感じさせる」と「行った時の気持ちにさせる」も当てはまらないと思う。

・私は人形焼。東京ばな奈は歴史も新しいし，バナナが有名でもないから。お土産の心得にはその土地限定のものしか当てはまらない。一方で人形焼は115年の歴史と七福神の神社の風情を感じることができる。

・東京ばな奈はふさわしくないと思う。外国で作られている材料もあるし。伝統がない。東京ばな奈自体はおいしいが，ちょっとなあ。

　しかし，東京ばな奈の工場の様子をDVDで見ると子どもたちの考えも次第に変化していく。

　東京ばな奈の工場は，最新の技術を集めたこだわり抜いた工場であることが分かる。

東京ばな奈のこだわり

①　人のいない工場。フルオートメーション。
　　理由は，菌の発生を可能な限り抑える。

②　人の手よりも，優しくお菓子を扱えるロボット。

③　農産物の名産地でない東京だからあえて「バナナ」を使用。
　　バナナは老若男女問わず好まれる。

④　上下で焼き方を変えたスポンジ。
　　上唇と下唇のさわり心地を変えることで食感をよくしている。

⑤　菌の発生を最大限の抑える良質な原料。
　　コストはかかるが,「東京ばなな奈」は「安心安全こそがお客様のため」という考えに立っている。

　子どもたちは，東京ばな奈の工夫のすごさにゆさぶられる。さらに，私の取

材記事を資料として読む。

　③　東京ばな奈は東京土産にふさわしいのか？

　東京土産として東京ばな奈はふさわしいのか意見を述べ合うことになった。

　下の黒板のように，東京バナナのこだわりを学ぶ前に比べて「ふさわしい」と考える子どもがかなり増えたことが分かる。これは，子どもたちの東京土産に対する認識が変化したことを意味する。

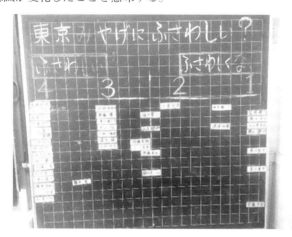

ふさわしいと考えるようになった子どもの意見は，
・何よりもおいしい。
・安心や安全は他のお土産物よりも優れている。
・味だけでなく，名前に「東京」とつけられているので，東京を想像させると思う。
・人形焼は由来や歴史が東京ばな奈よりずっとあると思うけど，「東京」がついていないから，詳しい人にしかわからない。
・人形焼は，人形町や浅草のお土産であって，東京全体のお土産とは言えないかもしれない。

　話し合いから見えてきたことを表にまとめた。

「東京ばな奈」取材記録

阿佐ヶ谷　グレープストーン　営業部長Ｃ様

１１月２日（水）　　１６：０４

　東京ばな奈は１９９１年発売し、今年で２６年目を迎えました。東京に昔からある、雷おこしや人形焼きに変わる「大都会にふさわしいお土産を作ろう」と、強い気持ちを込めて開発しました。開発には３年間かかりました。

　どうして、バナナなのかという質問をよく受けます。バナナは日本原産ではなありません。しかし、他の果物では、他の地域を連想してしまいます。リンゴなら青森、ブドウなら山梨という具合に。東京には特産の果物がありません。ですから、地域を想像できないバナナ、だれもが親しんでいるバナナが、大都会東京にふさわしいと考えたからです。

　カスタードに、本物のバナナピューレの組み合わせは、誰もが好きな味です。ヒントはショートケーキです。スポンジ＋クリームはみんなが好きなショートケーキの組み合わせと一緒です。しかし、ただ真似をしただけではありません。ショートケーキは揺れに弱く、消費限限もとても短くて、お土産には向いていません。ショートケーキと同じ組み合わせで、生菓子で、お土産にする。１０日間の賞味期限を保つのは大変な努力が必要でした。触感も研究していて、上のスポンジと下のスポンジでは硬さが違うのですよ。かんだ時の触感が滑らかになるようにスポンジを焼き分けています。東京ばな奈は、和菓子なのか洋菓子なのかわからないのもよいと思っています。東京ばな奈でしか味わえない価値があるからです。

　名前にも工夫をしています。東京＋ばな奈というシンプルな名前です。東京土産ですから「東京」を入れました。今ではこのようなその土地の場所＋商品名というネーミングは多いのですが、２６年前は斬新でした。そのため、有名登録商標を国からもらっています。知的財産が認知されていなかった時代に、ネーミングの先進性が際立っていたということです。

　また、「ばな奈」これは小さい女の子をイメージしている。リボンも。「みぃつけた」こんなところに、連れて行ってもらうという意味です。なつかしさ、ノスタルジーを感じさせる世界観です

　現在は、いろいろな種類もあります。その場所でしか買えない商品もあります。例えば、スカイツリーのヒョウ柄です。スカイツリーが完成するとき経営する東武から出店依頼を受けました。東京の新しい名所に花を添えたいという思いが芽生えました。お客さんに喜んでほしくてヒョウの模様をつけました。この開発も大変でした。しかし、お客様から好評でスカイツリーの３つのお店ですべてヒットしています。数えきれないスカイツリーのショップの中で、売り上げ上位３店舗を独占しています。一日６００万円の売り上げです。

　スカイツリー版は、スカイツリー観光のおともです。東京バナナもおめかしいしました。ヒョウ柄はか

ヒョウ柄はスカイツリーでしか買えませんので、その場所限定です。同じように限定としてキリン・虎・猫・菜の花・ハート・星の商品もあります。お客様に楽しんでもらえています。

お米や卵などの日常食料は生活の必須品です。誰もが必ず買います。それに比べて、ポッキーやキノコの山などのお菓子は嗜好品といって、好きな人だけが買います。だから売れる量は卵に比べたらずっと少ないのです。さらに、お土産お菓子はポッキーよりも食べません。ずっとずっと指向性が強い。売れる量も少ないのです。それに、ブームに左右される商品でもあります。だからこそ、他の商品にはない価値を備えなければならないのです。「東京ばな奈」ブランドの確立が大切です。
海外の皆様にも買ってもらえています。空港でも好評です。日本を代表する土産に成長しました。

ブランドを確立し、価値を高めていくには、毎日の積み重ねが大切です。特に、「安全性」こそが何よりも優先されます。安全な商品こそが大前提です。それが食料品ブランドというものだと思います。

ですから、工場は人の手に触れることのないようにフルオートメーションにしています。最新の設備だと自負しています。品質の安定を心がけ、人の手に頼らないファクトリーオートメーションです。
現在も日々進化しています。映像を御貸しするのでご覧ください。企業秘密ですけど（笑）
東京ばな奈を作っているロボットは、人間の手で扱うよりも優しく扱えるロボットです。研究を重ねて作り上げました。
また、工場内は細菌の発生を抑えるために、なるべく人が入らないようにしています。毎ロットごとに細菌量チェックしています。菌の数は日本の法律よりも厳しく、社内で基準を設けています。もしもの時はロットごとすべて廃棄処分します。お客様の安全が第一です。
常温１０日保存は難しいことです。原料の小麦も菌が少なく異物がないものを使用しています。安全性が高い分、とても高価な小麦を使っています。しかし、それは宣伝に使いません。食品メーカーとして当たり前のことです。身の丈以上の宣伝はしません。絶対に安全な商品だと胸を張れます。私たちの工場は３００万個に一つもないミスの工場です。でも最後は人の手でチェックをします。これも大切です。
これからも、テクノロジーの粋を集め最新工場を作っていきます。

①おいしい。②独自性。バリュー価値　③宣伝なし。で１２０億円を達成しました。大変でしたが、これからでもあります。

私が東京駅で販売をしているとき、地方のサラリーマンのお客様が、「東京バナナでいいや」とおっしゃって買っていかれました。私は実にうれしい気持ちになりました。「これで東京土産のスタンダードになった。これがスタートだ。」と思いました。

誕生から２６年。東京のお土産といえば、「東京ばな奈」といってもらえるようになりました。これからも、商品の価値を高め、独自のものを作っていきたいと思います。商品はいかがでしたか。東京のお勉強がんばってください。

	人形焼	歴史・由来	東京ばな奈
歴史・由来	・100年以上の歴史 ・人形町七福神 ・戦火も潜り抜けた		・創業26年 ・だれにでも好まれるバナナを
作り方・こだわり	・金型による手焼き ・対面販売 ・ふれあい		・オートメーション ・安心と安全を第一にした工場 ・最新の技術
東京らしさ	・東京というより人形町や浅草？		・「東京」とついているから東京全体？
その他	・伝統・昔のよさ		・今の東京を想像させる

　対照的な二つの東京土産だが，他の都道府県のお土産はどうなっているのか調べることにした。

(4) まとめ～全国の有名なお土産に共通しているものは？～

① 全国のお土産の特徴

　47都道府県の有名なお土産物を調べた。ほとんどのお土産には地域の由来・産物が含まれていることが分かった。人形焼に近いお土産が圧倒的に多いことが分かる。

Ⅱ章　深い学びが生まれる社会科授業

しかし，東京で一番売れている東京ばな奈には東京の由来・産物は含まれていない。どうして東京ばな奈は他の道府県のお土産と違って由来や歴史がなくても売れるのか。

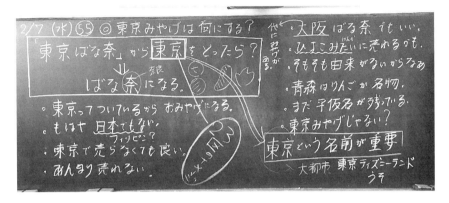

② 東京の特色

子どもたちの議論を示す。

「『東京ばな奈』から『東京』を取ったら『ばな奈』になってしまう」

「もはやお土産とは言えないね」

「日本の土産かどうかも分からないよ」

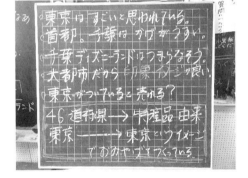

「それなのにどうして売れているのかな」

「東京っていう名前が重要なんじゃないか」

「考えてみれば，東京ディズニーランドは千葉なのに東京ってついている」

「東京ばな奈に似た考え方だね」

「成田空港は新東京国際空港だよ」

「東京ってつけると，いいイメージになるんじゃないか」

「都会というイメージとかかっこいいとか」

87

東京について概観できてきたので,

「東京が都会的というイメージはどうしてできるの?」

と深める発問をした。

　すると,

・日本の人口 127,094,745 人のうち東京の人口は 13,646,374 人で, 日本の人の
　10 人に 1 人が東京に住んでいる。

・世界の魅力的な街 1 位（米国旅行雑誌, 東京都 HP 掲載）

・住みたい都道府県 1 位（38.3 %）

等に挙げられていることが分かった。

　子どもたちは,

「大都会のイメージがあるから, 由来がなくても, 歴史がなくても, 名産品が
入っていなくても『東京』というイメージでお客の心をつかんでいる」

　他の地域にはない「東京」の特殊性に気づいていった。

③　子どもの感想

・東京は大都会というイメージがあるから東京とつければ他の県の人でも「す
　げー。東京だって。やべー。」と思うと思う。東京とついていれば大体のも
　のは売れる。東京以外でも「京都・鎌倉・横浜」などだったら東京と同じよ
　うな効果があるかな。

・東京ばな奈が売れている理由は「東京」と名前がついているからだと思った。
　だって, 東京ディズニーランドは本当は千葉になるのに「東京」とついている。
　千葉ディズニーランドだとわかりにくいかも。東京は大都会だから印象・イ
　メージが強い。でも, 「東京」と名前についているけど, 私は 23 区のイメー
　ジしかないと思う。

　お土産を追ううちに東京の特色を考えることができた。農産物がなくても,
周囲から首都として見つめられる東京を概観することができた。一方で, そう
いうイメージにつながらない檜原村もある。それは次の単元につなげていくこ
とにした。

Ⅱ章　深い学びが生まれる社会科授業

■本単元での「多角的」なものの見方，選択・判断する力の育成

　子どもたちは，生活に即して「東京土産としてふさわしいものは何か？」を探っていくうちに，比較・関連したり総合したり，地理的・歴史的・人々の関わりについて思いを巡らしていく。社会的な見方・考え方は，授業を通して次第に鍛えられていった。そして，お土産を通じて東京とはどういう場所かを概観することができた。概観できたことで，東京にある八丈島や檜原村などの特徴ある地域を調べる学習につなげることができる。

「東京土産にふさわしいものは？」という問い

解き明かすには、どうしても視点が必要になり増えていく。

①おみやげとは何だろう　　　⇒　成り立ち・歴史や伝統
②人形焼が親しまれるわけ　　⇒　伝統と地域とのつながり
③全国のお土産の様子　　　　⇒　比較・関連
④東京ばばなが成立するわけ　⇒　東京の特殊性（地歴公）
⑤今度はこれを買おう　　　　⇒　総合

> 東京の地域を考えさせたい
> （学習内容）
> ↓
> おみやげがいい（教材の工夫）

> 社会的な見方・考え方を発揮しないと
> 良いお土産が選べないから
> 発揮する。

4

地域の発展に尽くした
先人の働き
~後藤新平が曲げてでも貫いたもの~

1 新しい学習指導要領と「先人の働き」の授業

(1) 当時の人々の課題の把握と解決

　この単元は，「県内の伝統や文化」と「先人の働き」に分けることができる。

　前者では歴史的背景や現在に至る保存と継承に着目して，文化財や年中行事を学ぶ。それらには地域の発展などの人々の願いが込められていることを理解する。

　後者は，当時の世の中の課題や人々の願いに着目して，先人の苦心や努力を通して，当時の人々の生活の向上に貢献していくことを学習する。この節では，先人の働きについて取り上げる。

(2) 新しい学習指導要領で注意したい視点

　改めて新しい学習指導要領に記された内容を示す。

知識及び技能について

・地域の発展に尽くした先人は，様々な苦心や努力により当時の生活の向上に貢献したことを理解すること

思考力，判断力，表現力等について

・当時の世の中の課題や人々の願いなどに着目して，（略）地域の発展に尽くした先人の具体的事例を捉え，先人の働きを考え，表現すること

（下線部筆者）

新しい学習指導要領では，下線部に見られるような，当時の課題とその解決に向けた先人の働きを考えていくことが大切である。特に，4年生の子どもたちにとって過去にさかのぼって考える歴史的な側面が強い単元である。ともすると課題意識の薄い学習になりかねない。そこで，当時の人々の抱える課題を子どもたちが実感的に把握することが大切になる。

　本単元では，関東大震災とその復興にあたった後藤新平を学習していく。

(3)　関東大震災の復興に挑んだ後藤新平

　取り上げる教材は，「東京のまちづくり，いまむかし～後藤新平が曲げてまでつらぬいたこと～」である。後藤新平は現在東京都の社会科副読本をはじめ，6年生でもコラム的に扱われるなど教材として広く知られ，実践されている。その背景は2011年の東日本大震災であることは言うまでもない。後藤新平は，関東大震災の折に東京の復興事業の手綱を握った。現在の東京にも残る，幹線道路の整備やコンクリート造りの復興小学校，隅田公園をはじめとする大公園の造成など，震災の反省を生かし100年先を見据えたまちづくりを行い，現在の東京都のまちの基礎を築いた功労者として評価されている。しかし，歴史上の人物はともすると功労者として賛美されがちである。新平の場合はどうかもう少し詳しく見ていく必要がある。

　新平は1923年に起きた関東大震災後の翌日に成立した第二次山本権兵衛内閣の内務大臣として帝都（東京）復興事業を計画した。当時の国家予算の15億円をはるかに上回る約41億円に及ぶ復興計画は費用の巨額さと地主の土地の権利問題から，三度の復興審議会と帝国議会の開催のたびに強い批判にさらされる。後藤は東京市長時代にも8億円の都市計画を立案し，大ぶろしきを広げると揶揄されている。後藤といえば必要以上に大ぶろしきを広げるという同世代に生きる人々の観念も多分にあったのだろう。結局予算は縮小されていき，最終的には4億6800万円と当初の十分の一近くまで減らされ，中央政界に復帰することはなかった。新平が内務大臣として手綱を握ったのはわずか4か月，120日足らずのことなのである。

　しかし，後藤の目指したまちづくりは，後藤退任の後を受けたかつての同僚

や部下たちの活躍によって実現していく。こんな話もある。1983年昭和天皇は「もし，それ（後藤の計画）が実行されていたならば，戦災がもう少し軽く，東京あたりは戦災が非常にすくなかったんじゃないかと思って，今更後藤新平のあのときの計画が実行されないことを非常に残念に思っています」と述べられている。また，現東京都知事小池百合子氏の就任の所信表明でも後藤の先見性と自治の精神は語られている。これらの言葉を知ると，後藤新平の構想や理念の先見性は卓越したものがあったと考える。現在の評価は芳しい。

⑷　120日あまりで退いた新平のねがい

　本時の授業のアナザーストーリーで取り上げる場面は，震災復興予算が十分の一近くまで減らされたときの新平の対応である。修正案を丸呑みするのか，それとも解散に打って出て理想を実現するのか。新平の周囲の多くの人材は抵抗するよう声を上げたという。特に後藤が教えを請うていた米国のビアード博士は「帝都の復興は永久の事業なり」と解散を力説したという。昭和天皇の言葉やその後の評価から考えると，新平が当初計画したような復興事業は成し遂げられるべきだったのかもしれない。しかし，新平は自分の理想を捨てる決断をする。新平は「理論はその通りだ。しかし実際の政治はそうではない」と述べたとされる。娘婿鶴見祐輔の記述には「伯は，焼尽したる帝都の人心を安定させしむるためには，復興案は一日を揺るがせにすべからずとなし，修正案を丸のみにしたのだった」との記述も見える。理想を胸に抱きながらも，一日も早い市民の安定した生活を望んだのだった。

　新平は自分が立案した復興計画を一度も巨額だとは思っていなかっただろう。復興の信念に満ち溢れて内務大臣に就任し，自分しか復興はなしえないと思っていたに違いない。しかし，彼は同時にもう一つの信念も持ち合わせていたのではないか。それは「政治は市民のためにある」という信念，まちは市民が自らつくるという信念である。新平は被災したまちの復興をこれ以上遅らせたくなかったのだろうし，不足は市民の「自治」能力に託すという気持ちで，あの予算案削減を受け入れたのではないだろうか（「三百万市民に告ぐ」を参照）。事実，新平はその後「自治」の精神を広めるため国民の教育と情報の供給を目

指しラジオ放送実現に尽力し，日本のラジオ放送の第一声は後藤新平の声で幕を開ける。一貫して貫いたものがあると考える。

2 単元のねらい

現在にも残る後藤新平の震災復興事業の名残を見つめることを通して新平が貫こうとした事業と時代背景をつかみ，東京の昔と今のまちづくりを捉える歴史的なものの見方・考え方を育てる。

3 指導計画 (8時間)

第一次　問題づくり：播磨坂はどうしてこんなに広いの？
　① 学校の近くにある播磨坂。
　② 広い播磨坂のきっかけになった関東大震災？

第二次　追究①：関東大震災の復興事業はどのようなものだったのか？
　③ 後藤新平の復興計画。
　④ 反対する人々の考えは？

第三次　追究②：後藤新平が貫いたものとは何か？
　⑤ 復興予算決定場面での新平の選択は？
　⑥ 後藤新平が曲げてでも貫いたもの？

第四次　まとめ：新平の意志をつなぐということはどういうことか？
　⑦ その後の復興と東京市民。
　⑧ 新聞にまとめよう。

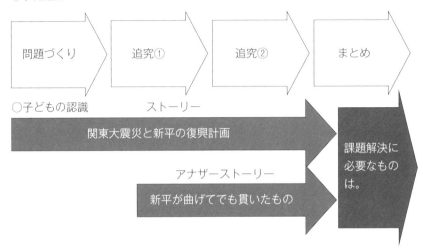

○学習過程

○子どもの認識

4 授業の実際

(1) 問題づくりの場面

　学校に近い播磨坂は，太平洋戦争後に造られた復興道路である。道幅を広くとった道路は環状3号線の一部なのだが，前後は途切れていて，不自然な道路になっている。これを地図で示し，子どもたちにどうしてこのような形になっているのか疑問をもたせ，追究を開始する。

　すぐに復興道路であることが分かり，東京には数々の復興道路が残っていることが分かる。そして，復興道路は，太平洋戦争を遡り関東大震災後から始まることをつかむ。

　関東大震災は，1923年（大正12年）9月1日午前11時58分32秒，関東地方南部を震源とした巨大地震が東京を襲ったものである。

　写真と関東大震災を体験した方のインタビュー，42時間あまり燃え続けた火災によって，日本橋地区99.3％，浅草地区96.4％，本所地区94％，京橋地区93.3％，神田地区91％が燃えつくされ，東京市全体の42％が被災したこ

とをつかむ。記憶に新しい，東日本大震災で亡くなられた方は，1万8000人あまりであるが，関東大震災では10万人以上の方が亡くなられている。このように，大きな災害だと子どもたちがつかんだ後で，実際に復興に臨んだ新平の行動をまとめた資料を配布する。

○震災直後の新平の行動

9月1日の正午前，大地が激しく揺れた。メモ魔だった新平の手帳には「零時より大地震数回。炎，炎天を焼く」と書かれている。新平はすぐに行動を開始する。2日には山本内閣の内務大臣に就任し，次々に復興の献策をした。新平の頭脳が回転し，2日の手帳には早くも復興予算「15億円」の記載が見える。都市計画の世界的権威である米国のビアード博士の招へいも書かれている。4日には復興素案を山本首相に提出した。

素案は，①遷都はしない，②復興予算は30億円以上，③欧米最新式の都市計画の採用，④新都計画実施のため土地を買い上げるためには地主へ断固たる態度をとる，の4項目だった。

まず①遷都はしないと表明したことについては，東京の壊滅を見た多くの政治家が京都や宇都宮への遷都を考えたという。市民も大いに動揺したというが，それに対して市民の不安を取り除き，東京を復興させる勇気を与えるために必要な宣言だった。

②③④について，東京は江戸時代からの街並みを受け継いでいたため，家屋は長屋・木造，道路は狭く，舗装が未実施，晴れた日には土埃で先が見えないほどであったという。道幅が狭いということは，火災が広がりやすく，消防車も通行できないということだ。それを道幅が広く舗装された道路にしようと考えた。

震災や火災になると被害が巨大になることは，江戸時代から続く東京の悩みだった。新平はそれを「復興」を合言葉に，日本の首都として欧米の都市に負けない災害に強いまちづくりを目指した。新平の描いた新東京は大きな幹線道路が縦横に走り，防災に心を砕いた都市だった。それは形だけのものではなく，人を中心に考え，100年先を見越したものだった。

　その方針は大正天皇の名前で9日には国民に発表されるに至った。新平は驚くべきスピードで計画を進めていった（胆江日日新聞 2012年1月1日号，岩手日報平成11年10月4日から作成）。

　しかし，その復興計画は……。

　当初計画した六分の一ほどに削減され，そのため，新平が目指した復興はその多くを断念しなければならなかった。

「どうして，復興を断念しなければならなかったのか？」
という学習問題がつくられる。

(2) 　追究①〜関東大震災の復興事業はどのようなものだったのか？〜

　前時にできた学習問題「どうして，復興を断念しなければならなかったのか」を追究していく。まず，後藤新平の復興はどのようなものだったのかについて調べる。新平の復興計画は以下のようなものだった。

① 　江戸時代からの狭い道路は火災の危険があるため，主要幹線の規格は，44m以上道幅とする。

Ⅱ章　深い学びが生まれる社会科授業

② 　主要街路の交差点や橋の周辺には，避難するために適当な広場を設ける。

③ 　小学校は鉄筋造りとし，その近くには避難するための公園を設置する。

④ 　橋を木造から，火災に強い鉄筋に改める。

⑤ 　一切の建築物は，街路計画に従う。あらかじめ建設の指定を受けなければ，建設できないように制度を改める。

東京が関東大震災において甚大な被害を受けたのには理由がある。東京は江戸時代から残る狭い道路と木造建築，過密な街並みにより大規模な火災が起きた。190万人の被災者と10万人以上の死傷者のほとんどは東京と神奈川の市街地に集中していたという。その反省から，新平の復興計画は，東京を近代的なまちづくりにするという計画だった。

この新平の計画を知ると，子どもたちの多くは，新平の復興計画に理解を示した。しかし，新平の計画は，歴史の上では，当時の国会において反対されて，規模はどんどん縮小していった。

そこで，反対した側の意見を調べていかなくてはならない。当時新平に反対したのは，政敵である政友会と伊東巳代治だったが，彼らの意見も示す。

伊東巳代治

① 　復興院の計画が大きすぎる。都市計画というより，帝都新造のようで，財政的にも実行可能性が疑わしい。民心の安定こそが大切である。

② 　国家財政の状況が厳しい折にさらに多額の借金をすればその支払いが困難になる。復興に当たっては，土地買収が巨額になり，土地収用にも多額の借金が必要になる。

③ 　商工業の復興，教育の復興に重点を置くべきだ。

④ 　憲法により土地所有権があるので，区画整理の手法に疑問がある。

政友会

「東京ばかりの復興では，農村部からの支持が得られず，選挙で負けてし

97

まう。後藤に賛成するわけにはいかない」

　他にも土地所有者から「昔からの住み慣れた土地を奪われたくない」という反対意見も出ていたという。

　反対した側の意見を聞くと，子どもたちは考えをゆさぶられていった。
「確かに，お金がかかりすぎる。国家予算の2年分に当たるらしい」
「国のお金は，東京都（当時は東京府）だけのものではないからな」
「でも，もと通りに戻すだけだったらまた同じことが起きる。大規模な復興は必要じゃないかな」
「大きな火災を防ぐために必要だよ」
「人の命はお金では代えられないと思う」

　子どもたちの多くは，新平の復興計画は命を守るために必要だと考えているが，反対の理由も理解できるという話になっていた。

(3)　追究②〜後藤新平が貫いたものとは何か〜

①　ねらい

　復興予算削減をめぐる後藤新平の対応から，新平が貫いた「自治」の精神に気づき，市民としての資質について自分の考えをもつ。

②　本時の展開

主な学習活動と内容（○）　子どもの反応（・）	指導上の留意点
1　学習問題をつくる。 ○前時に学んだことを振り返る。 ・土壇場の12月19日に政友会はさらに1億円も削減を要求している。 ・復興院の予算も削減され，後藤は政界にいられなくなる。 ・ビアード博士は復興を貫くように手紙を書いた。 ・部下も戦うように伝えている。	○政友会の修正案とそれに対する後藤の周囲の人々の反応を整理する。前時に残した「問い」を確認する。
後藤は，政友会の求めた修正案を受け入れたのか？	

II章　深い学びが生まれる社会科授業

2　自分の意見を述べる。	○自分の意見を述べさせる。
・解散総選挙をして政友会に勝負を挑み，自分の 　やろうとしたことを貫いたと思う。	○後藤個人の視点のほかに，市 　民の視点，部下の視点で考え
・今も後藤が復興した道路が残っているから，選 　挙に打って出て，勝ったんじゃないか。	させる。
・自分のためもあるけど，市民のために戦ったん 　じゃないか。	○自分だったらという立場から 　意見を述べてもよいだろう。
・解散すると復興が遅れるから政友会の案を受け 　入れたんじゃないか。	
3　後藤の対応を知る。	
○後藤は政友会の修正案を受け入れ，その後政界 　に復帰することはなかった。	○削減を受け入れたことを知る 　とともに，どうして受け入れ
・どうして後藤は復興を貫かなかったんだろう。	たのか子どもに考えを述べさ 　せる。
4　その後の後藤の談話から，後藤の貫いたもの 　を考える。	
・後藤は市民のために，これ以上復興を遅らせた 　くなかったのか。	○「三百万市民に告ぐ」から後 　藤の貫いたものを考える。
・後藤は自分はやめても，市民の力で復興をやり 　遂げてほしかったのではないか。	

> 後藤が本当に貫いたものは何だったのだろう？

　国会で討議を重ねてきた復興計画だが，震災からすでに3か月を過ぎ，いよ
いよ最終決定の場面となった。子どもに12月19日の様子を資料として示す。

政友会の修正案　1923年12月19日

　　新平が心血を注いだ復興計画は，三度の復興審議会と帝国議会の開催で，
4億4800万円まで削減されていた。

　　そして，運命の衆議院予算委員会が12月19日に開かれた。そこで，後
藤たちを待ち受けていたのは，政友会の大修正だった。さらに1億600万
円の削減を求めてきたのだ。4億4800万円まで減らされた予算から，さ

99

らに1億600万円の削減。この削減は政府にとって，致命傷になりかねない。

それに加えて，政友会は後藤の復興院の事務費の全額削除を求めてきたのだった。

政敵である後藤を政界から追放するつもりらしい。

しかし，後藤ら山本内閣には，総辞職・総選挙という抵抗の道が残されていた。新平の周りには部下が集まり，戦うべきだと声を上げたという。その熱気はすさまじいものだった。

新平が，災害に強いまちづくりをするにあたってアメリカから招聘していたビアード博士も，新平に政友会と戦うように手紙を送っている。それを示す。

親愛なる友よ。

世界の目は日本の上にある。

死せる10万の男女小児の声々は叫ぶ。

その価値，50億の財宝は焦土となって横たわっている。

世界の目はみな，後藤の上にある。

死者の声も響き渡る。

それはどうしてか。

この危機に臨んで，後藤に復興を期待したからである。

もし，災害の再発を阻止する計画を死守しなければ，期待に背いたというべきである。

それは，日本の失敗である。失敗すれば，10年ないし50年後の危機に，さらに広範囲の大災害を誘発することになるだろう。

今，あなたに向かって呼びかけるのは，日本である。現在と将来の日本である。

かつてロンドンで大火があった。すべての歴史家は1666年にロンドンを復興したサー・クリストファー・レンの名前を知っているが，その計画を妨害した偏狭小心の国会議員をだれが覚えていようか。

Ⅱ章　深い学びが生まれる社会科授業

　　将来の災害に対して人命財産を防衛するに足らない小計画を立てるは愚
　挙である。

　　しかし，本当の政治家を選ぶ市民の数が足りない。政治的な名誉を求め
　るものもいる。
　　それを乗り越えて，数日のうちにあなたは決断して，数百万の民衆の運
　命を決めるべきだ。

　　私は，このように考える。さらばわが親愛なる友よ。今日を目標として
　建設することなかれ。ねがわくば，永遠を目標にして東京を建設されよ。
　　　　　　　　　　　　　　　　　　　　　　　　　　　誠実かつ忠実なる
　　　　　　　　　　　　　　　　　　　　　　　チャールズ・A・ビアード

　12月19日の予算決定間際の人々の様子から，子どもたちは緊迫感を感じる
とともに，新平に自分の考えを貫いてほしいと心を寄せるようになる。これま
で学んできた新平のストーリーから，子どもたちは具体的復興計画を客観的に
捉え，12月の緊迫した国会の様子を実感的に理解し，新平とそれを取り巻く
ビアード博士らの気持ちに共感をもって学んでいった。そして，結末を示す。

　　1923年12月19日深夜。
　　後藤新平は山本首相を訪れて話し合った。翌朝の閣議において，政友会
　修正案を受け入れると決定した。
　　山本首相は摂政宮殿下（のちの昭和天皇）に拝謁し，政局に関して言上
　して退出した。その後，政府は国民に声明を出し，修正案を受け入れたこ
　とを世間に知らしめた。

　新平が政友会の修正案を受け入れたことを知った子どもたちは，
「なんで受け入れたんだ」

101

「まちづくりを続けてほしかった」

と声をあげた。子どもたちは新平に復興計画を貫いてほしかったと思っていたので，新平の決断にがっかりしたようだった。新平は，どうして自分の計画を貫かなかったのだろうか。子どもたちはその理由を知りたいと強く願っていた。そこで，後年，新平が記した文章を示す。新平の考えが分かるところに線を引かせながら読んでいく。

三百万市民に告ぐ

1924年　後藤新平

　私は火炎に包まれる帝都の惨状，苦しむ市民を見て，その任務がいかに重大であるかを自覚した。それと同時に，善後の大計を策定することが急務であると痛感した。すなわち政府が，第一に救護，第二に復旧，第三に復興の方針を打ち出すことに異論はないだろう。

　しかし，復興に当たっては，財政上の問題があるとして，一致をみることがなかった。当時の私はひそかに思った。帝都の被災は空前絶後である。これを復旧で満足するようであれば，単に現在の要求に適していないばかりか，後世の子孫に再び同一の災害に遭遇させる危険がないとは言えなくなる。都市の改善事業は最近の世界共通の問題であって，すでに科学的な研究もなされ，経費と努力を用いて，困難と闘いながら世界で広く行っている。今，これを行わなければ，いつこれを行う機会があるのだろうか。復旧は一見財予算が少なくてよいように見えて，将来においては実は少なくない浪費と化すだろう。これは市民のための計画として，忠実でないばかりか，市民の志を揺さぶるものでもない。

　しかし，予算修正に対し，政府の面目を強調して，政友会と政治的に戦うことは，災害の復興計画を今かと待ちわびている三百万市民のためにとるべき手段でない。少ない予算でも速く成果を上げ，不安に駆られた市民の心を安んじることが，修正案を受け入れた理由である。

　ひるがえって，わが敬愛する市民のために最後に一言する。山本内閣は

Ⅱ章　深い学びが生まれる社会科授業

退き，私は民間に隠居している。しかし，帝都の復興は新しい内閣の手によって今後着々と進むにちがいない。

しかし，その実績の良し悪しは，市民諸君の双肩にかかっていることを忘れてはならない。とくに，自治能力を発揮することが大切である。新しい東京は市民諸君が作るものである。市民諸君は当然協力一致して，それによって，国家の運命と子孫のために，その自治能力を傾けていかなくてはならない。

私は城西の田舎ぐらしをしているが，今も貢献したいと思っている。幸い，市民諸君の素晴らしい働きにより，帝都復興が日々進展していると聞いている。なんと喜ばしいことか。最後の予算修正で，私に国会を解散して戦うよう言ってきた人士は少なくない。もし，それをしていたら果たしてどうだったであろうか。市民諸君の活躍は生まれていたか。この後の計画は，諸君の自治の能力に依頼してやまないものである。

子どもたちは，
「政友会と政治的に戦うことは，災害の復興計画を今かと待ちわびている三百万市民のためにとるべき手段でない。少ない予算でも速く成果を上げ，不安に駆られた市民の心を安んじることが，修正案を受け入れた理由である」
というところに線を引いて，新平が修正案を受け入れた理由を理解した。同時に，
「市民諸君の双肩にかかっていることを忘れてはならない。とくに，自治能力

103

を発揮することが大切である。新しい東京は市民諸君が作るものである。市民
諸君は当然協力一致して，それによって，国家の運命と子孫のために，その自
治能力を傾けていかなくてはならない」

というところに線を引いて，市民に託したことを知った。子どもたちは新平の
考えに大いに共感していた。そこで私は，

「新平は，自分の復興計画を貫くことができなかったのかな？」

と発問した。

⑷　まとめ～新平の意志をつなぐということはどういうことか？～

　国会を去った後の新平の活動を示していく。

① 　ボーイスカウト：1907 年にイギリスのロバート・パウエルによって始め
　　られ野外活動を中心とするプログラムを通じて人格・市民性・適合性・リー
　　ダーシップを習得するよう設計されている。新平はいち早く，この活動を知
　　り，日本ボーイスカウト連盟初代総長になり，活動を支援していた。新平は，
　　好んでボーイスカウトの衣装を着たという。

② 　ラジオの設立：東京放送局（ラジオ）も創設した。記念すべき日本のラジ
　　オ放送の第一声は後藤新平の声だった。ラジオを作った目的は，家庭教育の
　　推進，文化の機会均等，教育の社会化，経済機能のためである。

③ 　講演活動:69 歳から，全国を講演で駆け回る。演題は「市民のための政治」
　　だった。

　そして，ついにそのときは訪れる。

　1929 年（昭和 4 年）三度目の脳溢血で倒れた新平は，京都でその生涯を閉
じた。最後の言葉は「岡山……」だった。岡山は，次に新平が「市民のための
政治」を講演する場所だった……。

　国会議員を辞めた後の新平の活動を知った子どもたちは，

「市民教育に力を入れている」

「市民の自治の力を育てることを大切にしている」

と意見を述べた。そして，新平が貫いたものについてノートに考えを書いてい
た。

II章　深い学びが生まれる社会科授業

○新平が貫いたものの意見

・死ぬ前に岡山と言っていたので，市民への後援を大切にしていたのだと思います。後藤さんは市民のことを第一に考えていたのだと思います。ボーイスカウトの初代総長になったり，ラジオを作ったりと市民を鍛えたり，役に立つものを作ったり，未来の人に役に立つことをしていると思います。

・後藤新平が本当に貫いたものは，市民の気持ち・心・思いだと思う。後藤の復興計画は，お金などの問題でやらなかったが，後藤がなぜ復興計画を考えられたのかは，市民の気持ち・心・思いが分かっていたからだと思う。

・後藤新平が貫いたもの。それは東京（日本）は昔も今も未来も市民のものという思いだと思う。復興計画を作り，すぐ実行しようとしたのは未来を見つめてのこと。自分の計画をあきらめて引退したのも速く復興に取り掛かることができるようにするためだった。政治家は国や東京の方針を決める。その政治家を支えてるのは市民。政治家を選んでいるのは市民だ。今，後藤新平に会えたら，あなたの考えたように東京は市民のもの。私は市民だからこそ，東京について知り，向かう方向を考えます。と伝えたいと思う。そう考えることが新平の貫いたことを受け継ぐことになると思える。

・新平が最後まで貫いたもの，それは「市民が主役」という考え方。国を支えているのは市民一人一人なので，市民がよい市民であれば，国もそれだけ良い国になると思う。では，市民はどうすれば「良い市民」になるのか。まず一つは，不安のない生活がおくれること。だから新平は大震災で苦しみや不安を抱える市民の気持ちをあんじ，修正案を受け入れた。次に「良い市民」はすべてを国に任せるのではなく，自分たちの未来について，自分たちで考える力を持っていると思う。そのためには，市民自身が「自分たちが国や政治の主役だ」と思えることが大切。だから，新平は最後まで市民の声に耳を傾けたのだと思う。これら2つの理由で，新平が貫いたのは「市民ファースト」の精神だと僕は考える。

・私は市民が貫いたものは，市民の安全を第一に考えることだと思う。市民のため，国民のため。それは日本を西洋に追いつく良い国にしたいという信念

105

だ。後藤新平の一生を調べると，政界に入る前は医師として日本で一番古い海水浴場を開いた。今ではリハビリにプールが使われているが当時は初めてだった。また，拓殖大学の学長時代には，「後藤先生は学生に対して慈愛に満ちた態度で接せられた」といわれている。えらい学長でもいつも心を学生に寄せていたんだと思った。

・政界後も，ボーイスカウトやラジオ放送に力を入れた。ボーイスカウトは，調べると「自信，他助，誠実，機知を持った青年を育む」とある。ラジオも市民へ情報がいち早く届くためだと思った。新平が一生を通じて貫いたものは，「人によりそい，助ける気持ち」だと思う。一人ひとりがよくなれば日本もよくなるからこそ，ボーイスカウトをつくり，人を育てようとしたのだと思う。西洋のことを学んだのも日本をよくするためだと思う。

■本単元での「多角的」なものの見方，選択・判断する力の育成

　震災復興の父と呼ばれる後藤新平だが，彼を丹念に追うことで，実際には新平が内務大臣の職にあった期間は，今日東京に残る復興の成果として実施されていないことをつかんだ。しかし，彼の思いや考えは部下や市民に伝播していったこと，また，在野に下った新平が晩年まで市民教育にこだわり続けたことのアナザーストーリーを通して，自治の力の重要性に気づくことができた。

II章　深い学びが生まれる社会科授業

5

私たちの東京都（住んでいる 都道府県の特色ある地域）②

～東京都で唯一の村　檜原村（島嶼部を除く）～

1　新しい学習指導要領と「特色ある地域」の授業

⑴　概観できることで特色が見えてくる

　第3節では，住んでいる都道府県を概観するとともに，特徴ある地域を取り出した。例に挙げた「お土産」調べから，東京都は名産の農産物などは少ないが，江戸時代からの伝統が残り，人口が多く，都市や住宅街が広がり，人の出入りもすべての都道府県で最も多いことをつかんだ。

　一方で，そのようなイメージではない地域も東京にはあることを知った。例えば，西部に広がる山林や伊豆諸島である。今回は，その中から檜原村を取り上げて学習をする。

⑵　新しい学習指導要領で注意したい視点

　改めて新しい学習指導要領に記された内容を示す。

知識及び技能について

・県内の特色ある地域では，人々が協力し，特色あるまちづくりや観光などの産業の発展に努めていることを理解すること。

思考力，判断力，表現力等について

・特色ある地域の位置や自然環境，人々の活動や産業の歴史的背景，人々の協力関係などに着目して，地域の様子を捉え，それらの特色を考え，表現すること。

（下線部筆者）

新しい学習指導要領では，下線部に見られるような，「まちづくり」「観光」「産業の歴史的背景」などの内容が具体的に記されている。
　東京都への一極集中や過疎化が顕在化している今日，新しい学習指導要領に記された内容は，単純に地域の特色を学ぶだけでなく，「まちづくり」「観光」「産業の歴史的背景」を視点としながらみることで，将来の主権者になる子どもたちにとって有意な学習になると考える。これらの視点を意識して地域の特色を理解する授業を行っていきたい。

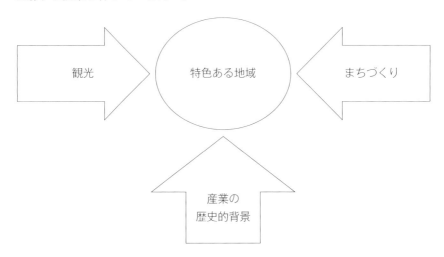

(3) まちづくりのための「地域おこし協力隊」

　取り上げる教材は，「東京で唯一の村，檜原村（島嶼部を除く）」である。檜原村は，現在人口がわずか2000人，東京で唯一の村である。おもな産業を挙げることは難しい。それは大げさな話ではなく，1970年には5000人を超えていた人口が現在半数以下になってしまった理由はいくつかあるだろうが，かつての産業であった林業が衰えて就職や生計に結びつく産業がなくなってしまったことが大きいからである。
　農業ではジャガイモ栽培が特産品としてお菓子などの加工品を作るなど工夫しているものの，それで生計を立てることは難しい。取材した村の方の談話では，村民は公務員になるか周辺の町へ仕事に行くしかないという。幼稚園と高

校, 大学もないため, 村に残りたくても事情が許さない若年層の離村もある。

このような事情の自治体は檜原村に限った話でなく, どの都道府県でも多く存在する。むしろ, 東京にもあったのかという印象が強いのではないか。「2040年までに全国896の自治体が消滅する可能性」という衝撃の内容でベストセラーにもなった『地方消滅』(増田寛也, 中公新書) は記憶に新しい。この「増田レポート」の要旨は, 地方の中核都市に人口を集中させることで高コスト化する末端のインフラをスリム化させ, 人口の減少を食い止めるというものだった。「増田レポート」は共感を呼ぶ一方で批判も呼んだ。地方切り捨てなのかと。

2009年には総務省によって地域おこし協力隊が発足される。人口減少や高齢化等の進行が著しい地方において, 地域外の人材を積極的に受け入れ, 地域協力活動を行ってもらい, その定住・定着を図ることで, 意欲ある都市住民のニーズに応えながら, 地域力の維持・強化を図っていくことを目的とした制度である。平成27年度は673自治体2625名が委嘱されている。その費用は国より特別交付税で自治体に一人当たり上限400万円で支給される。具体的には, ①6次産業化・地域ブランドの創出による地域活性化, ②集落支援・コミュニティ活動による地域づくり, ③地域における誇り, 愛情の情勢による, 情緒的情勢によって, 地域を起こす裏方としての働きが期待されている。安倍首相が立てた3000人の目標達成も目前に迫っている。当然のことながら, 政策には批判もつきまとう。地域おこし協力隊への批判としては, 赴任したものの, 自治体の方針が不明確で何をしたらよいのか分からない, 事務仕事や単純作業に終始する, 3年後の定住が求められているが副業禁止のため自立が難しい, などの批判である。

檜原村にも現在3名の隊員が赴任して活動している。このように地域の再生を6次産業化やコミュニティの

創出，地域への愛情の醸成を目指してつくられた「地域おこし協力隊」を考えることは檜原村の特徴を捉え，村落の在り方を捉える社会的な見方・考え方の育成につながると考える。

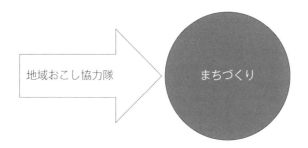

(4) 檜原村の檜原雅子

しかし，地域おこし協力隊には課題も残る。地域おこし協力隊だけで過疎が解決されるとは誰も考えていないだろう。

それでは，どうしたら過疎を解消できるのだろうか。檜原村での取材を重ねるうちに，檜原村には，地域の様々な取り組みがあることを知った。その一つが「ひのはら紅茶」の取り組みである。

「ひのはら紅茶」の製造者の欄には，なんと「檜原雅子」と書かれている。ものすごいインパクトである。一体どういうことなのか？ 取材を重ねると，檜原雅子の本名は戸田雅子さんだという。しかも，他地域からの移住者であるという。

戸田さんが檜原に移住したある日，何気なく庭に植えてあった木を切ったら，それがお茶の木でよい新芽が出たそうだ。戸田さんはお茶の木と全く気づかなかったが，隣に住む古老の清水さんが気づき，2人でお茶の新芽を摘んで飲んだのが「ひのはら紅茶」のきっかけだそうだ。かつては檜原ではどの家庭でもお茶の木が植えられていて，自家消費をしていたが次第に作られなくなったという。そのお茶の文化を50年ぶりに復活させたわけだ。お茶文化の復活に，地域の人々も喜んだそうだ。その後，「ひのはら紅茶」に関わる地域の人々は増え，支援する外部の人も現れてきた。地域の人々より早く起きて作業をする

戸田さんの姿を見て，檜原の人々は戸田さんを本当の仲間だと認めるようになる。そして，商品の製造者の欄に「檜原雅子」と書くようになったそうだ。この事例を考えることは，地域おこしに必要な要素を考えることにつながるのではないかと目をつけた。

2 単元のねらい

東京都で唯一の村（島嶼部を除く）である檜原村の特色を調べる中で，人口減少という課題を知る。その解決のための手立てとして，地域おこし協力隊やひのはら紅茶の取り組みを学ぶ中で，地域の特色を生かすことや，人々の主体的活動の大切さに気づき，主体的な社会参画の在り方を考える。

3 指導計画（8時間）

第一次　問題づくり：檜原村はどんなところ？
① 檜原村の名物は何だろう。
② 檜原村の課題は？

第二次　追究①：地域おこし協力隊が派遣された
③ 総務省の過疎対策
④ 檜原村に派遣された地域おこし協力隊

第三次　追究②：檜原村の檜原雅子
⑤ パンフレットに書かれた「ひのはら紅茶」

⑥ 檜原雅子になった戸田雅子さん
第四次　まとめ：檜原村のアピールをしよう！
⑦ これからの檜原村
⑧ 檜原村のアピールをしよう

○学習過程

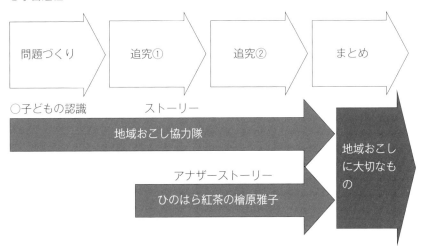

4　授業の実際

(1)　問題づくりの場面

　お土産の単元で，都会のイメージをもつ「東京ばな奈」が一番売れていることを学んだ。そこで，東京ばな奈がお土産として成立しにくい地域を考える。地図帳で調べたり，話し合ったりして，伊豆諸島の村や町，東京西部の山林地区にはふさわしくないということになり，檜原村では，どんなものがお土産としてふさわしいのか調べる計画を立てた。
　まず，檜原村のパンフレットを見ながらどのような土地なのか学習した。パンフレットなので，観光地や名産品が分かりやすい。ジャガイモ・木工・地形

を生かしたサイクリングなどが有名であることが分かった。

　子どもたちは，

「私は木工に興味をもっているので，木工を作ってみたい」

「あまり知られていないところでも少ない人数の力を合わせていて，いいスポットを作っているところにびっくりした」

「私はジャガイモ料理が食べたい。理由は東京というとにぎやかで建物が多いイメージだけど，檜原村のような自然がたくさんあるところもあるんだな」

「僕はサイクリングがしたいです。なぜなら自分は自転車に乗るのが好きなのですが，つらい上り坂を越えた後の喜びや達成感と下りの果てしない坂道がミックスされてとても楽しいと思うからです」

「私は自然体験をしたいと思った。なぜなら都心では見ることができない特別な植物やかわいい動物に出合いたいからです」

「パンフレットがたくさんあることにも驚いた。つまり，自分たちの村をアピールしようと努力していることが分かった」

　パンフレットは，名所や名産品が分かりやすく記されているため，特色ある地域を見るときの視点である「観光」や「まちづくり」を学ぶには最適である。一方で地形や人口と気候といった地理的なものの見方を発揮させるには，資料集や地図の方が向いている。今回は，パンフレットを使うことで名所や名産品をつかめた。そして，人々が観光をアピールしようと工夫していることにも気がつけた。

　次に，檜原村のパンフレットを見て，観光地や名産品があることが分かった子どもたちに，私が実際に行ったときの様子を報告した。

　私が檜原を訪れたのは年末だった。パンフレットに載っている直売所には冬季休業中で春まで開かないと張り紙があった。唯一開いていたお店の野村さんにお話を伺う。

　この40年で人口が半分になった話や，かつて栄えていた林業も衰え，公務員か公共事業関係者以外は村外に働きに出ているという。小学校・中学校が一つずつ。高校になると五日市まで送り迎えをするため，どうしても若者は出

ていってしまう話を伺った。郷土資料館でも人口の減少が深刻だという話を伺った。

過疎化の問題は，檜原村だけではなく全国的な課題となっている。『地方消滅』の筆者増田氏の「増田レポート」の主旨を学び，「檜原村の人口を増やすにはどうしたらいいのか？」という課題をつくった。

○子どもの感想

・40年で人口が半分になるのはまずいと思いました。もっと，冬は客が来ないからしめるのではなく，もっと冬をアピールし，いいところを伝えれば人口が増えると思う。

・私は人口が40年で半分になったというのを知って驚いた。東京らしくない。人口を増やすためにもっと観光所を作るべき。

(2) 追究①～「地域おこし協力隊」が派遣された～

檜原村は人口減に悩んでいる過疎の地域で，日本全国には同様の地域が多いことを学んだ。過疎の解決のために，地域おこし協力隊という制度がつくられた。

地域おこし協力隊

・2009年に総務省によって発足。

・地域外の人材を積極的に受け入れ，地域協力活動を行ってもらい，その定住・定着を図る。

・平成27年度は673自治体2625名が委嘱されている。

・費用は国より特別交付税で自治体に一人当たり上限400万円。

・具体的には，

　① 6次産業化・地域ブランドの創出による地域活性化

　② 集落支援・コミュニティ活動による地域づくり

II章　深い学びが生まれる社会科授業

> ③　地域における誇り，市場，情緒的情勢によって，裏方としての働き
> ・安倍首相が立てた3000人の目標達成も目前に迫っている。

檜原村にも派遣されていることを知った。

子どもたちは，地域おこし協力隊の活動を調べていると，うまく機能している面も多いのだが，なかには課題があることが分かってくる。

「過疎の村のために国がお金を出してくれるいい制度だと思ったけど，隊員の中には，仕事内容ややりがいに不満をもつ人もいるらしいよ」

「自治体のなかには，どうやって働いてもらうのがいいのか，悩んでいることもあるらしいよ」

と調べたことを伝えた。

実際に私が取材した檜原村の隊員の方も「村のために何ができるのか，自分自身が見つけていくことが大切。しかし，それを見つけることがすごく大変」と話されていた。

〇子どもの感想

・協力隊の人の中には，やることが分からなかったりする。隊員になって失敗だと感じている方もいる。

・私はうまく地域おこしができないのは，地域おこし協力隊が，何をやればいいのかわからないからだと思う。せっかく，地方のためにボランティアになったのに，何もできなくて，そのうちやる気がなくなってしまうんだと思う。

・村おこしはちょっと難しいと思う。協力隊の人にやる気があっても，地域の人たちが協力しなければならない。やはり，村おこしは地域の団結が必要ではないか。

・僕は，隊員のみんなが悪いのではないと思う。村の人や役場が方針を持たなければ村おこしは無理。やりたいことが分からないのが問題だと思う。

⑶　追究②〜ひのはら紅茶と檜原雅子〜

地域おこし協力隊だけで問題が解決できるほど地域おこしは簡単ではないということが分かった子どもたちは，檜原村の特色を再度調べ直すことにした。

115

「ひのはらづくし」という檜原村の特産物ガイドをじっくり眺めさせる。

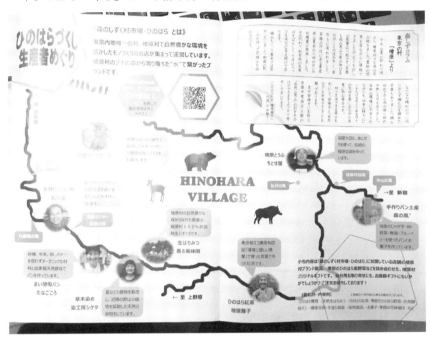

そこには、伝統的な特産物であるこんにゃくや豆腐、草木染め、きのこ、はちみつなどが掲載されているが、そこに紅茶が加えられている。

子どもたちはそれを見つけると「檜原村で紅茶？」と首をかしげる。「変かな？」と問い返すと「変だよ。紅茶は外国のイメージがある」「他の特産物は、昔から檜原村にあるものだけど、紅茶はないでしょ」となる。

しかも、「製造者が**檜原雅子**だって」「どういうこと？」と驚きと疑問が膨らむ。そこで、檜原村の檜原雅子とはどういう人なのか考えた。

Ⅱ章　深い学びが生まれる社会科授業

①　本時のねらい

　地域協力隊員とひのはら紅茶の雅子さんの活動から，地域おこしに必要なものを考える。

②　本時の展開

主な学習活動と内容（○）　子どもの反応（・）	指導上の留意点
1　学習問題をつくる。 ○前時に学んだことを振り返る。 ・「ひのはらづくし」というパンフレットに，「檜原雅子」と載っていた。 ・檜原雅子は本当の名前じゃない。本当は戸田雅子さん。 ・もともとは檜原の人じゃない。 ・現在は「ひのはら紅茶」を作っている。	○前時に残した問いを投げかける前に，状況を整理する。
どうして戸田雅子さんは，檜原雅子さんになったの？	
2　自分の考えを述べる。 ・檜原が好きだからじゃないか。 ・檜原のお茶を復活させた人だからじゃないか。 ・おばあちゃんたちを勇気づけたからじゃないか。 ・檜原とつけるなんて，紅茶を通して檜原の人に認められたからじゃないか。	○一人ひとりの考えを述べさせる。地域おこし協力隊のインタビューと比較して考えてもよい。 ○「檜原」と名前につけることができた意味を考えさせる。
3　檜原村に昔から住んでいる清水さんの話を聞く。 ○清水さんの家を訪ねたときの様子を知る。 ・清水さんは戸田さんに感謝しているね。 ・自分が先頭になって働いている。 ・写真を見ると，地域に溶け込んでいることが分かる。	○戸田さんの活動を地域の人はどのように見ているのか，別の視点から考えさせる。
4　地域おこしに大切なことは何か。 ・やりがいを見つけて，地域の人が主役になることだ。	○地域おこし協力隊の事例と戸田さんの事例から，檜原の特徴に気づくだけでなく，

117

・その地域にある魅力的なことを見つけていく必要がある。 ・収入を得られる方法を考えなくてはいけない。	地域をおこすときに大切なものは何かを考えさせる。

ひのはら紅茶をもっと売れるようにするにはどうしたらいいの？

　どうして戸田雅子さんは檜原雅子さんになったのか意見を述べ合った。

「東京ばな奈のように，檜原をアピールするため」

「檜原を好きな人だから」

「檜原に住んでいるから」

「でも，それじゃたくさんの人が『檜原』になってしまうよ」

「僕だったら，渋谷区に住んでいるから渋谷○○」

「だったら。私だって渋谷□□だよ」

「どっちが本物？」

「僕だよ」

「私が本物の渋谷！」

「もめるね」

「じゃあ，すごく偉い人なんじゃない」

「村長の奥さんとか？」

「檜原に一番詳しい人ならみんな納得するかも」

「紅茶を檜原で初めて作った人じゃない？」

などと予想。いずれにしても，「檜原雅子」となるくらいだから，檜原に昔から住んでいて，みんなから一目置かれていると予想。しかし，予想は見事に裏切られる。「檜原雅子」は本当は「戸田雅子」さん。しかも移住者だった。どうして，移住者が檜原を名乗れるのか？　謎は深まっていく。謎のその先にあるものは？　そこで，檜原雅子さんのインタビュー資料を提示する。

　資料は，私がインタビューしてきたものをなるべくそのまま記載する。子どもが読みやすいように簡単にする方法もあるが，簡単にすると資料を読んだ瞬

118

間に，要点が分かってしまう。それに比べて，子どもが頑張って読み取れるくらいの文章だと，一人ひとりの意見がよく出るし，意見を出し合って記事の本質に近づく喜びが教室に生まれる。

「私は戸田雅子さんが檜原雅子になったのは檜原村の人に認めてもらえたからだと思います。檜原に昔からある伝統のお茶の木を利用して，ひのはら紅茶を作ったからだと思う」

「檜原村の人々にとって雅子さんに檜原雅子を名乗ってもらうと，檜原村をより多くの人に知ってもらうことができるよさがあるからじゃないかな」

「雅子さんは大田区から移住してきたよそから入ってきた人。なのに，自主的に村おこししようとしている。それを認められたからじゃない？」

「インタビューの中で，檜原村を『良くしたいからって，押し付けてはダメ』と書いてあるこれがいいんだと思う。強制的に村おこしをしたりしようとするのではなく，自分の意志で紅茶を作って村おこしの役に立とうとしている。だから，周りの人たちは雅子さんを檜原雅子と呼んだのだと思う」

と子どもたちは意見を述べる。

　そこで，生まれたときから檜原に住む地域の古老で，戸田さんと一緒に紅茶作りをする清水さんのインタビュー資料を読む。

　すると，

「私たちが気づかなかった檜原の良さを教えてくれたんです。もう一度お茶を摘むとは夢にも思わなかったです」

「今は，もう一度，檜原の南郷の味を残せたらいいと思っています。戸田さんは，漆のこととか，お茶の実の油とか，昔のことをもう一度やろうとしています。うまくいくかわからないけど楽しみだわ。戸田さんは檜原にとって大切な人です」

というコメントが書かれている。子どもたちは，

「雅子さんは清水さんのような地元の人から信頼されている。お金では買えないものの一つが信頼だと僕は思う。そんな価値のある，人の心を動かすもとになる信頼がすでに雅子さんにはあるから，檜原雅子になったのだと思う」

取材記録

ひのはら紅茶

戸田雅子さん

　書道の先生を目指していましたが、国語の先生として、東京都立高校に勤めていました。子供のころは、読書が好きで、いつも机にかじりついていたので、父親からカマボコと呼ばれていました。子供のころは大田区に住んでいました。大田区は京浜工業地帯でして、同級生は町工場・家族工場ではたらいていました。そういう同級生は中学校を卒業すると町工場に就職しました。小さいころからやっているから、過ぎに立派な戦力になっていました。私は高校へ行きました。当時は高度経済成長期で、東北から「金の卵」といって、中学校を卒業した人がたくさん東京に就職に来ました。そういう人たちは、優秀で向学心があったので「夜学」に通って高校卒業の資格を取っていました。私はなんとなく高校に行っていました。5月に中学の同級生に合うと、羽田のラウンジに行ったんですね。コーヒーを飲んだりして。その会計の時に工場ではたらいている友達が払ってくれた。大人だなと思った。今では考えられないけど、当時は全日制より定時制のほうが進学率が高かったんですよ。生きていくことに関して偏差値なんて関係がないなあと思いました。

　高度経済成長で東京はどんどん開発されていきました。金の卵といわれた人がどんどんやってきて、東京を変えていったんだと思います。彼らには東北などに帰る「ふるさと」がある。でも、私たちはここが「ふるさと」なんだけど、どんどん開発されてしまう。私には帰る場所は他にはないんです。私の家は祖父から東京にいたから、田舎に親戚なんかなかったんです。だから、「東京に住んでいる人にとってのふるさとは？」って思っていました。そんな時期がすぎて、東京の村である檜原を見つけました。

　檜原に初めて来たのは昭和62年（1987年）。家が売り出されたので見に行ったんです。車で上がれない急斜面で、途中から歩いていくと家がありました。住みたいと思いました。その時は買えなかったけど、そこに3年くらい通いました。畑を耕したりしました。檜原のおばあちゃんたちに、サツマイモの苗を10本から15本に増やす技とか、ジャガイモは彼岸までに植えろとか、コンニャクイモのこととか。とにかく体で覚えることが大切なんだと思いました。そして、平成2年（1989年）に檜原村に移住しました。退職はまだでしたが、退職したら好きな書道をやろうと思ってアトリエのような家を作りました。退職まで檜原から三田高校まで通っていました。

　そのうちに農地を譲ってもらいました。うちの隣でした。そこは背の高い木が茂っていて、茂っているからイノシシとかアナグマとかが住み着いて、農作物を荒らすから、思い切って背の高い木を切っていきました。そうしたらすっきりしました。でも、それが思いがけないことへの入り口でした。

　実は、その背が高い木はお茶の木でした。お茶の木は切ると新芽が出るらしいのです。私が思い切って切ったものだから、すごく良い新芽が出たみたい。もちろん私にはわからなかったけど、隣に住んでいる

清水ひろこさんというおばあさんが教えてくれたんです。そうしたらひろ子さんは「戸田さん。せっかくだから茶摘みしてみない？」というのです。経験がなかったけど、せっかくだからやってみることにしました。初めて積んだ日のことを今も覚えています。3つの葉に分かれた新芽を「これかな？」と思いながら一生懸命つんでいきました。ひろ子さんはすごくてきぱきとつんでいる。80歳を越えようとしているのに。1日で24キロもつんだんです。ほとんどひろ子さんがつんだんだけどね。大変な思いをして積んで、それを五日市のお茶屋さんに持って行って、お茶にしてもらった。うれしかったですね。

檜原では、昔から各家庭にお茶の木があって、それを女性がつんで、男性がもんで、お茶にして家庭で消費していたみたい。でも、だんだん作らなくなっていったそうよ。手間がかかるし、人もいなくなったから、できなくなったのね。ずっと続いてきた茶畑は荒れていきました。だから、よく見るとお茶の木はその辺にあるんですよ。藪をきれいにすると勢いよく新芽を出すんです。

その翌年は38ｋｇも取れました。でも、一度にお茶屋さんに出せるのは20ｋｇが限度です。それ以上は車には乗せられないし、体力が持たない。もっと人がいればいいんだけど、人はいないでしょ。摘む人はおばあさんたちが集まってくれて4人になったけど、ぜんぜん足りない。新芽の時につんで、それを放っておくとどうしても悪くなってしまう。そこで、紅茶なら、すぐに蒸したりしなくていいからと思いついて、紅茶を始めたわけ。手もみで作りはじめました。そういう風にしていると、イギリス留学した友達が、スリランカの紅茶のブレンダーを紹介してくれたの。ブレンダーは紅茶生産の中では一番カギを握る仕事で、ブレンダーがいろいろな茶葉を混ぜて、常にその店の味を出すことができるんです。でも、私は思ったの。そういう紅茶とは目指すところが違うなって。檜原の生活の味、手もみの紅茶でいいんじゃないかって。売るためのお茶がひのはらのお茶じゃなかったでしょ。

2010年たった3キロしかないのに売り出したんです。2011年の滝祭りでも好評でした。2012年お茶の葉が集まるようになって、100キロも集まったんです。とても一人ではできないから静岡の鞠子に頼んで持っていくことにしました。朝4時に出発します。窓を開けながら。お茶の葉が悪くならないように。山梨を越えて、富士山のわきで、ちょっと一休み。そして静岡の鞠子へ。朝ついて、夕方までその工場の作業を手伝って、夕方静岡を出発。檜原には夜中。そういう生活をしていたわ。夢中でしたね。でも、そうしていたら、その鞠子の会社の西村さんが、持ってくるのは大変だからって、機械を譲ってくれたんです。あっという間の決定。自分のうちにお茶の工房が作られました。

現在「ひのはら紅茶」は500円で売っています。もし、10000個売れたら、500万円の売り上げです。でも、経費に300万円かかるから、利益は1年間に200万円です。200万円だったらやる気のある若者が後を継いでくれるかもしれない。でも今は2000個の販売です。だから、利益も40万円。これでは難しい。頑張って10000個売るのが目標です。袋の印刷代ももったいないから、全部手書きなのよ。

「ひのはら紅茶」を茶摘みから製造しているのは、88歳80歳77歳70歳のおばあさんです。おばあさんたちの力はまだまだすごいけど、このままだと、ずっと生活に根差してきた、檜原の生活に根差したお茶の文化も継承されなくなってしまう。だから、何とかしたいとは思っているのね。

わたしも、よそから入ってきた人でしょ。だから、良くしたいからって、押し付けてはダメ。困っていたら寄り添うように助言する。これがいいんだと思うのよ。

先生、明日は厳冬祭りだから、いろいろな人を紹介するわ。檜原にいらっしゃい。

☆午前9時に始まった取材が終わったのは13：30だった。取材経験豊富な私からしても、戸田さんのエネルギーはすごい。暖かくパワフル。明日は急きょ取材になった。

「雅子さんは地域おこし協力隊と同じ役目を果たしたんだと思う。しかも雅子さんは檜原のよさを再び生かして地域づくりをした。そこが大切」
と意見を述べた。

「地域おこし協力隊」と「檜原雅子」の二つの視点から学習することで，地域おこしに欠かせない要素とされる「その土地のよさを掘り起こす作業と住民の主体的参加，外部の刺激が必要」という考え方にたどり着くことができた。

檜原村は東京都とは思えない豊かな自然に恵まれ，観光客・リピーターは引きも切らない。戸田さんもその一人であった。しかし，一方でかつて栄えた産業は衰え課題が多いのも事実である。私は最初，授業で檜原村の過疎の問題をどう取り扱おうか悩んでいた。副読本や教科書では子どもたちに社会事象のよい面を見せることが多いからである。しかし，取材を重ね，戸田さんや清水さんのように，過疎の村を活性化させようと取り組む多くの人に出会って檜原村の問題を正面から扱おうと決めることができた。

子どもたちは，檜原村の特色を檜原雅子になった戸田雅子という視点で学ぶことで，過疎の問題を多角的に捉えることができたと考える。しかし，同時に子どもたちは安易に解決できるとも理解していない。子どもの一人はノートに，「私は紅茶だけで人口を増やすのは無理だと思う。確かに，おいしいと評判になれば観光客は増える。地道に，檜原村の良いところを発信して，住んでもらうといいと思う。ひのはら紅茶を広めるために協力したいと思う」
とまとめを書いた。

社会の出来事を多面的に考え，自分なりに判断できたようだ。

(4) まとめ～檜原村のアピールをしよう～

子どもたちは，「ひのはら紅茶」を広める方法を考えた。

「紅茶が売れたからといって，すぐに人口が増えるわけではないよね」
「でも，ひのはら紅茶がもっと売れるようになって，一人でも雇えるようになればいいんじゃないかな」
「ひのはら紅茶が売れれば，檜原村の人も元気が出ると思う」
「地域おこしには地域の人の頑張りが大切だからね」

ひのはら紅茶が売れれば人口がすぐに増えるわけではないが，ひのはら紅茶をアピールすることにした。

案として，
・ポスターを作って貼る。
・ビラを作って，駅前で配る。
という意見が出た。しかし，
「ビラはすぐに捨てられちゃうんじゃないか」
「じっくり説明できれば，紅茶のよさや雅子さんの取り組みを知ってもらえるんだけどな」
という意見が出て，なかなか難しい。

そこで，学校の研究会に参加していた先生方に聞いていただくことにした。

先生方へアピールするために，二人一組で画用紙1枚にまとめて，原稿を書き発表をした。

■本単元での「多角的」なものの見方，選択・判断する力の育成

　「地域おこし協力隊」と「ひのはら紅茶」の二つの立場から地域おこしを検討する中で，地域おこしを行うにあたって大切なことを考えることができた。

【著者紹介】

粕谷　昌良 (かすや　まさよし)

筑波大学附属小学校教諭

1975 年千葉県生まれ。山梨県公立小学校，千葉県公立小学校教諭を経て，
現職

日本教育公務員弘済会千葉支部教育実践論文大会最優秀賞受賞

主な著書に，『「資質・能力」を育成する社会科授業モデル』（編著，学事出版），
『小学校社会科　Before & After でよくわかる！子どもの追究力を高める教
材 & 発問モデル』（共同監修，明治図書出版），『アナザーストーリーの社会
科授業』（学事出版）他

粕谷昌良の「深い学び」をつくる社会科授業　4 年

2019（令和元）年 6 月 14 日　初版第 1 刷発行

著　者：粕谷　昌良
発行者：錦織　圭之介
発行所：株式会社東洋館出版社
　　　　〒 113-0021　東京都文京区本駒込 5 丁目 16 番 7 号
　　　　営業部　電話 03-3823-9206　FAX03-3823-9208
　　　　編集部　電話 03-3823-9207　FAX03-3823-9209
　　　　振　替　00180-7-96823
　　　　URL　http://www.toyokan.co.jp

印刷・製本：藤原印刷株式会社
デザイン：宮澤　新一（藤原印刷株式会社）

ISBN978-4-491-03715-8
Printed in Japan

JCOPY ＜(社)出版者著作権管理機構　委託出版物＞
本書の無断複写は著作権法上での例外を除き禁じられています。
複写される場合は，そのつど事前に，(社) 出版者著作権管理機構（電話 03-5244-5088，
FAX 03-5244-5089，e-mail: info@jcopy.or.jp）の許諾を得てください。